Geldanlage von A–Z

Prof. Dr. Thomas Dommermuth,
Michael Hauer, Frank Nobis

3. Auflage

Inhalt

Vorwort

Träume sind schön. Vor allem, wenn man sie in die Tat umsetzt. Viele Dinge im Leben können aber nur dann verwirklicht werden, wenn die finanziellen Möglichkeiten dafür ausreichen. Nur mit einer gut abgestimmten Planung Ihrer Geldanlage schaffen Sie die Voraussetzungen dafür.

Durch die Flut von neuen und teils recht komplexen Finanzprodukten verliert der Endverbraucher zusehends den Überblick. Wichtiger denn je ist es deshalb, rechtzeitig die richtigen Entscheidungen für eine gesunde finanzielle Basis zu treffen.

Welche persönliche Finanzplanung sinnvoll ist und mit welchen Anlageformen Sie Ihre Ziele erreichen können, zeigt Ihnen dieser TaschenGuide anschaulich auf. In einem eigenen Kapitel informieren wir Sie ausführlich über die Merkmale sowie Vor- und Nachteile der verschiedenen Geldanlage-Produkte. Im Glossar am Ende des Buches finden Sie zusätzlich zahlreiche Fachbegriffe der Finanzwelt kurz und verständlich erklärt.

Je nachdem ob Sie Berufsanfänger sind, ob Sie Familie haben und für eine Immobilie sparen, oder ob Sie kurz vor dem Ruhestand stehen und den Lebensstandard im Ruhestand sichern wollen: Hier erfahren Sie, welche Möglichkeiten Sie haben und wie Sie sie am besten nutzen.

Thomas Dommermuth, Michael Hauer, Frank Nobis

Planen Sie Ihre Geldanlage

In diesem Kapitel lesen Sie:

- was richtige Geldanlage bedeutet,
- welche Risiken Sie absichern sollten,
- wie Sie Ihre materiellen Wünsche und Ziele herausfinden,
- wie Sie feststellen, wie viel Geld Sie dafür anlegen können und müssen, und
- welcher Anlegertyp Sie sind.

Was zur richtigen Geldanlage gehört

Bei der Geldanlage gilt es, drei Kernbereiche auf Ihren Bedarf abzustimmen: den gezielten Vermögensaufbau, die rendite-starke Anlage des Vermögens sowie den wichtigen Bereich der Vermögenssicherung, vor allem für die Altersvorsorge.

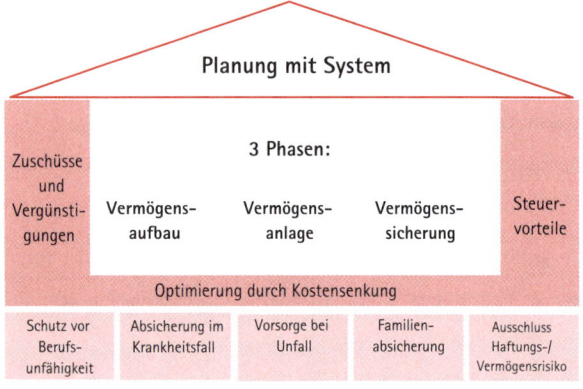

Abb.: Planung Ihrer Geldanlage

Die drei Phasen der Geldanlage

- **Vermögensaufbau (Phase 1):** Geldanlage sollte bereits in jungen Jahren beginnen, z.B. durch Unterstützung der Eltern, Großeltern oder Paten. Selbstständig sollte auf jeden Fall mit dem Eintritt in das berufliche Erwerbsleben mit der Geldanlage begonnen werden. Flankiert werden die Maßnahmen zum Vermögensaufbau von solchen zur Vermeidung von Lebens- und materiellen Risiken durch entsprechende Versicherungen.

- **Vermögensanlage (Phase 2):** In der nächsten Phase, der beruflichen und familiären Etablierung, sollte neben der familiären Risikoabsicherung das laufende Einkommen und das bisher gesparte Geld zur optimalen Aufteilung der Vermögenswerte verwendet werden. Das heißt: Sie präzisieren Wünsche und Ziele und die Geldanlage wird systematischer und spezifischer.

- **Vermögenssicherung (Phase 3):** Diese Phase beginnt mit dem Ruhestand. Hier wird das Vermögen so angelegt, dass es den Lebensstandard absichert, da kein neues Geld aus Berufseinkommen zufließt.

Dabei sollten staatliche Zuschüsse und Vergünstigungen sowie steuerliche Vorteile genau beachtet und weitgehend genutzt werden. Wie das geht, zeigen wir Ihnen in den Kapiteln zu den einzelnen Geldanlageformen (ab S. 96) und im Kapitel zur Besteuerung (ab S. 86).

Die goldene Regel der Geldanlage

Als goldene Regel der Planung mit System kann folgende Aufteilung gelten:

- 2 bis 3 Monatsnettogehälter dienen zur jederzeit verfügbaren Reserve für unvorhergesehene kurzfristige Ausgaben,

- ein Jahresgehalt steht als Grundstock für mittelfristige Investitionen / zur freien Vermögensbildung zur Verfügung,

- (mindestens) 10 % Ihres Nettoeinkommens sollte die Sparquote für Ihre private Altersvorsorge betragen.

In 6 Schritten zur Geldanlage

Doch wie viel Geld sollen Sie sparen? Und welche Geldanlage passt für Sie? Für eine Geldanlage mit System sollten Sie folgendermaßen vorgehen:

In 6 Schritten zur Geldanlage
1 Ihre Risiken absichern
2 Ihre Wünsche und Ziele definieren
3 Die verfügbare bzw. wünschenswerte Geldmenge herausfinden, die Sie anlegen können bzw. möchten
4 Ihre Risikobereitschaft klären
5 Sich über Geldanlageprodukte informieren
6 Die passenden Geldanlageprodukte für Ihre Lebenssituation auswählen

Die ersten vier Schritte behandeln wir auf den folgenden Seiten. Für Schritt 5 finden Sie ausführliche Informationen über die verschiedenen Geldanlageprodukte (ab S. 16). In Schritt 6 zeigen wir Ihnen, wie Sie die passenden Geldanlageprodukte auswählen (ab S. 96). Je nachdem, in welcher Lebenssituation Sie sich befinden, können Sie sich dann ein für Sie passendes Portfolio zusammenstellen.

Schritt 1: Welche Risiken sollte ich absichern?

Damit Ihre Vorsorge und Finanzplanung auf einem gesunden Fundament stehen, sollten Sie die Risiken absichern, die einen Vermögensaufbau und in der Folge die Vermögensanlage verhindern könnten. Vermögensaufbau funktioniert nur aus laufendem Einkommen. Fällt dieses aufgrund eines unvorhersehbaren Ereignisses aus oder wird es drastisch reduziert, nützt auch die beste Finanzplanung nichts. Vielfältige Risiken können Ihre gesundheitliche Konstitution und finanzielle Leistungskraft empfindlich stören und in der Konsequenz Ihre Altersvorsorge wie ein Kartenhaus einstürzen lassen.

Jeder Mensch hat einen unterschiedlichen Absicherungsbedarf. So hat ein Berufsanfänger in den ersten fünf Jahren i.d.R. keinerlei gesetzlichen Schutz bei Berufsunfähigkeit. Ein Familienvater muss dafür sorgen, dass die Familie im Unglücksfall nicht ins finanzielle Chaos stürzt. Das Risiko, das jeder gleichermaßen abdecken sollte, sind Haftpflichtschäden. Zusätzliche Versicherungen, wie z.B. die Berufsunfähigkeitsversicherung oder eine Todesfallversicherung zugunsten von Angehörigen, sind sinnvoll, sollten aber immer auf Ihren individuellen Bedarf abgestellt werden.

Also: Denken Sie darüber nach, welche Risiken Sie unbedingt absichern müssen – und werden Sie aktiv. Denn die Risikoabsicherung hat Vorfahrt. Wie viel Geld Ihnen für Ihre Geldanlage wirklich zur Verfügung steht, wissen Sie erst, wenn Sie entsprechende Versicherungen abgeschlossen haben.

Schritt 2: Welche Wünsche und Ziele habe ich?

Nichts ist so einzigartig wie das Lebenskonzept eines Menschen. Ihre persönlichen Wünsche und Ziele sind immer die Ausgangsbasis für Ihre Geldanlagestrategie. Planen Sie in drei Zeitperspektiven:

- Kurzfristige Wünsche: Dies sind z.B. der Urlaub oder das neue Wohnzimmer im nächsten Jahr.
- Mittelfristige Ziele: Z.B. ist in vier Jahren ein neues Auto fällig oder Sie planen in sechs Jahren den Kauf einer Eigentumswohnung oder es soll einfach ein Vermögen anwachsen.
- Langfristige Ziele: Sie möchten Ihren Ruhestand in finanzieller Unabhängigkeit genießen, z.B. in Ihrem bisherigen Urlaubsparadies.

Beachten Sie bei der Definition Ihrer Wünsche und Ziele, dass sie zu Ihnen als individueller Person, zu Ihren Interessen sowie zu Ihrer Leistungsbereitschaft und -fähigkeit passen und realisierbar sind. Denn der Weg zu einer Fata Morgana der Wünsche und Ziele endet in der finanziellen Wüste! Und denken Sie daran: Je früher Sie mit dem Vermögensaufbau beginnen, desto sicherer gelangen Sie ans Ziel Ihrer Wünsche.

Schritt 3: Wie viel Geld kann bzw. muss ich anlegen?

Zwei Fragen sollten Sie bei diesem Schritt klären:

- Wie viel Geld *können* Sie monatlich für die Geldanlage investieren?
- Wie viel Geld *müssen* Sie investieren, um sich einen bestimmten Wunsch erfüllen bzw. ein Ziel zu erreichen?

Hier hilft eine möglichst detaillierte Aufstellung Ihrer monatlichen Einnahmen und Ausgaben. Außerdem hilft die Überlegung: Wo kann ich bei den Ausgaben zur Realisierung meiner Wünsche und Ziele Kürzungen vornehmen? Denn es gibt etliche Ausgaben, die manchmal nicht nötig wären. Betrachten Sie das Sparen positiv: als Investition in Ihre Lebensqualität und nicht als deren Einschränkung! Auf diese Weise klären Sie, wie viel Geld Sie im Monat für Ihre Geldanlage zur Verfügung haben. Ist bereits Geld vorhanden, so klären Sie selbst oder mit Hilfe eines Beraters, wie viel Zinsen die Geldanlage bis zum Zeitpunkt der Wunschrealisierung bringen muss. Reicht das Kapital noch nicht, dann berechnen Sie, wie viel Sie zusätzlich sparen müssen.

In den folgenden Beispielen zeigen wir, wie Sie rechnen müssen: Nachdem Sie Ihre Wünsche und Ziele definiert haben, wissen Sie, wie viel Geld Sie in wie viel Jahren gespart haben möchten. Da Sie schon wissen, wie viel Sie im Monat übrig haben, ist dies also ein erster Schritt zur Auswahl der richtigen Geldanlage.

Beispiele

Wilma Friedberg möchte sich in 3 Jahren den Wunsch nach einer neuen Küche erfüllen. Dafür muss sie aber ca. 7 400 EUR investieren. 2 000 EUR hat sie heute schon auf einem vier Jahre laufenden Sparbrief zu 4,2 % Zinsen angelegt. Mit Zins und Zinseszins kann sie mit fast 2 400 EUR zum Ablauf in 3 Jahren rechnen. Also braucht sie noch ca. 5 000 EUR. Sie müsste dafür bei 3,5 % Zinsen monatlich 130 EUR zusätzlich auf einen Sparplan anlegen. Das gelingt ihr, denn einen Beitrag dazu entnimmt sie der „Restaurant- und Kinokasse".

Familienvater und Lehrer Christoph Leipold (38 Jahre) möchte für seine Frau und die beiden Kinder in spätestens 8 Jahren ein eigenes Zuhause erwerben. Um die Finanzierung zu erhalten, sollte er bis dahin mindestens 20 % der Investitionssumme angespart haben. Da die Leipolds mit ca. 350 000 EUR Kaufpreis rechnen, müssen sie also 70 000 EUR ersparen. Nehmen sie ihren Bausparvertrag dazu und das kleine Depot, dann kommen sie heute schon auf 30 000 EUR. Für das Sparziel in Höhe von 40 000 EUR muss Christoph Leipold also noch ca. 340 EUR im Monat auf einen Sparplan mit mindestens 5 % Rendite anlegen.

Nötige monatliche Sparrate bei 5 % Rendite p. a. in Abhängigkeit von Laufzeit und Betrag:

Zeit/ Ergebnis	10 000 EUR	20 000 EUR	50 000 EUR	100 000 EUR
5 Jahre	147 EUR	295 EUR	737 EUR	1 475 EUR
10 Jahre	65 EUR	130 EUR	324 EUR	648 EUR
20 Jahre	25 EUR	49 EUR	123 EUR	246 EUR
30 Jahre	12 EUR	24 EUR	61 EUR	123 EUR
40 Jahre	7 EUR	14 EUR	34 EUR	67 EUR

Schritt 4: Welcher Anlegertyp bin ich?

Zur Auswahl der passenden Geldanlage gehört, dass Sie sich über Ihre Fähigkeit und Bereitschaft Gedanken machen, gegebenenfalls Verlustrisiken bei der Geldanlage in Kauf zu nehmen. Hierauf werden Sie in den Beratungsgesprächen von Finanz- und Versicherungsberatern pflichtgemäß aufmerksam gemacht. Auf Basis Ihrer Wünsche und Ziele, Ihres möglichen Aufwands, Ihrer Anlageerfahrung und Risikoneigung (Anlegerprofil) kann dann das für Sie passende Geldanlageprodukt ausgewählt werden. Ihr Anlegerprofil kann und wird sich in Ihrem Lebenszyklus wahrscheinlich ändern und den familiären und finanziellen Gegebenheiten anpassen. Darüber sollten Sie regelmäßig alle 2 bis 3 Jahre bzw. bei Eintritt einer solchen Veränderung, mit dem Finanzberater Ihres Vertrauens sprechen.

Risikostreuung ist wichtig

Bei der Wahl der passenden Geldanlageprodukte sollte Sie – unabhängig von Ihrem Anlegertyp – eine Überlegung leiten: Nicht nur in ein bzw. wenige Anlageobjekt/e und -kategorie/n investieren, sondern Geldanlagen so streuen, dass sie in ihrer Reaktion auf Ereignisse an den Finanzmärkten so wenig wie möglich übereinstimmen (Korrelationsprinzip).

> Vor allem bei der langfristigen Geldanlage ist Risikostreuung unbedingt zu empfehlen: Sie sollten also die sicheren Anlageform wie z.B. Anleihen oder private Rentenversicherungen mit der Chance auf mehr Rendite verbinden, z.B. mit Aktienfonds.

So wird z.B. die relativ starke Korrelation der internationalen Aktienmärkte durch die Streuung eines Portfolios in von Aktien unabhängige Anlagekategorien (z.B. Anleihen, Immobilien, Rohstoffe, Beteiligungen usw.) reduziert.

Sicherheits- oder chancenorientiert?	
Merkmale	**Anlegertyp**
Sie akzeptieren keinerlei Schwankungen beim Wert Ihrer Anlage, d.h. Sie erwarten kontinuierliche positive Verzinsung, auch wenn sie nur sehr gering ist.	sicherheits-orientiert
Sie sind auch bereit, in schlechteren Phasen eine sehr geringe oder sogar leicht negative Entwicklung hinzunehmen, um dafür aber die Chance zu haben, einen Tick mehr zu erhalten als beim reinen Sparkonto.	ertrags-orientiert
Sie nehmen starke Schwankungen hin, (d.h. der Wert Ihrer Geldanlagen kann zeitweise weit unter dem Betrag liegen, zu dem Sie diese erworben haben), um dafür langfristig unter Umständen eine wesentlich höhere Rendite zu erzielen.	chancen-orientiert

Die wichtigsten Geldanlagen

Die Bandbreite bei der Geldanlage reicht von A wie Aktien bis Z wie Zertifikate. In diesem Kapitel lesen Sie mehr über

- Geld-*Einlagen* bei Banken und Sparkassen in Form von Spar- und Termineinlagen und Geld-*Anlagen* an den Geld- und Kapitalmärkten in Form von Aktien und Anleihen sowie den davon abgeleiteten Finanzinstrumenten (Derivate),

- die Anlagekategorien der Sachwerte wie Direktbeteiligungen an Firmen und Immobilien,

- die Angebote der privaten Altersvorsorge, die meist mit Lebens- und Rentenversicherungen kombiniert werden.

Aktien

Die Aktie ist ein Anteils- oder Teilhaberpapier (Aktienurkunde), das dem Inhaber ein Miteigentümerrecht am Grund- bzw. Stammkapital eines bestimmten Unternehmens in der Rechtsform einer Aktiengesellschaft (AG) gewährleistet: Der Aktionär ist in der Höhe der Beteiligungsquote bzw. in der des Nennwerts seiner Aktien am Gesellschaftsvermögen beteiligt.

Merkmale

Als Mitinhaber ist der Aktionär zwar am Geschäftsverlauf der AG – vom Gewinn bis zum Verlust bzw. zur Liquidierung des Unternehmens – über seinen Anteilswert am Gesellschaftsvermögen *beteiligt,* aber er ist für den Geschäftsverlauf *nicht direkt verantwortlich.* Dafür steht der Vorstand der AG, kontrolliert vom Aufsichtsrat. Der Preis einer Aktie bei ihrem Kauf und Verkauf entspricht i.d.R. nicht ihrem Nominalwert bezogen auf das Grundkapital, sondern ergibt sich aus den Marktfaktoren Angebot und Nachfrage, welche die Meinung der Marktteilnehmer über den Geschäftsverlauf des Unternehmens widerspiegeln und sich in den Aktienkursen niederschlagen.

Pflichten und Rechte des Aktionärs

Die Hauptpflicht des Aktionärs besteht beim Eintritt in die AG in der Einzahlung seines Anteilswertes am Grundkapital – zu dem marktgängigen Preis der Aktie an der Börse. Das Recht auf Beteiligung am Gewinn der Gesellschaft, also auf Zahlung einer Dividende, ist der einzige Anspruch des Aktionärs auf eine „Verzinsung" des eingesetzten Kapitals.

> Auch wenn ein Großteil der Anleger Aktien mit dem Ziel einer Wert-
> steigerung erwirbt, so ist doch die Dividende ein wesentlicher Bestandteil
> der zu erzielenden Wertsteigerung (Performance) mit Aktien.

Die Dividendenzahlung ist nicht garantiert, sondern abhängig vom Bilanzgewinn der AG, der für ein Geschäftsjahr ausgewiesen wird und über dessen Verwendung die Hauptversammlung (HV) der stimmberechtigten Aktionäre beschließt. Der Anteil des Aktionärs hinsichtlich der Dividende und seiner Stimmrechte auf der HV richtet sich nach der Höhe seiner Beteiligung am Grundkapital.

Ein weiteres Aktionärsrecht ist das Bezugsrecht, das dem Aktionär bei einer Kapitalerhöhung der Aktiengesellschaft zusteht. Es berechtigt ihn, entsprechend seinem Anteil am (bisherigen) Grundkapital einen Teil der „jungen" Aktien zum Ausgabepreis zu beziehen.

Weitere Rechte des Aktionärs sind

- Teilnahme an der Hauptversammlung (HV),
- Stimmrecht in der Hauptversammlung,
- Auskunft über den Geschäftsverlauf durch den Vorstand der AG,
- Anteil am Erlös für den Fall einer Liquidation der AG.

Der Handel an Börsen

Kauf und Verkauf von Aktien wird i.d.R. an den Aktienbörsen auf elektronischen Handelsplattformen (XETRA in Frankfurt/M.) abgewickelt. In Deutschland gibt es mehrere lokale

Börsen; die national wie international bei weitem wichtigste deutsche Aktienbörse ist die in Frankfurt/Main.

Der DAX und andere Aktienindizes

Ein Aktien-Index ist ein Bewertungssystem, das aus den Einzelwerten verschiedener Aktien nach bestimmten Auswahlkriterien zusammengesetzt ist.

In den Deutschen Aktien-Index (DAX) der Börse Frankfurt werden in differenzierter Gewichtung diejenigen 30 Werte der deutschen Wirtschaft aufgenommen (Blue Chips), die das größte Gewicht haben hinsichtlich ihrer Aktien-Marktkapitalisierung (= Stückzahl × Wert der Aktien), ihrer Aktionärsstruktur (Streuung der Aktionäre) und hinsichtlich ihres täglichen Umsatzvolumens bzw. ihrer effektiven Handelbarkeit (Fungibilität). Daneben spielen Bilanztransparenz, Mitteilungspolitik und sonstige „weiche" Faktoren eine Rolle. AGs müssen bei einer Neubewertung dieser Faktoren auch mal zugunsten nachrückender Unternehmen ihren Indexplatz verlassen und finden sich dann in der nächsten Kategorie wieder: M-Dax für die mittelgroß kapitalisierten AGs („Mid Caps"), S-Dax für die klein kapitalisierten AGs („Small Caps") oder sie werden von vornherein in Spezial-Indizes notiert, wie z.B. im Index für Hightech-Unternehmen („Tec-Dax").

Nach dem weltweit führenden Aktienindex der New York Stock Exchange (NYSE), dem Dow Jones, und nach dem Londoner Financial Times Stock Exchange Index (FTSE) ist der DAX neben den Indizes von Tokio (Nikkei) und etlichen anderen lokalen und regionalen Indizes nicht nur einer der wichtigsten Bewertungsspiegel des deutschen Aktienmarktes, sondern darüber hinaus ein für Investitionsentscheidungen viel beachtetes Stimmungsbarometer. Lassen Sie sich bei Ihren Anlageentscheidungen jedoch nicht ausschließlich vom Blick auf Aktienindexschwankungen leiten, sondern in erster Linie von der Bewertung der Unternehmen selbst, deren Aktien Sie im Visier haben.

Abb.: Bewertungsgrößen für den Aktienmarkt

Was Sie beim Aktienkauf beachten sollten

Zum Kauf und Verkauf von Aktien benötigen Sie ein Depot bei einer Bank oder einer Direkt-Bank. Ihr geben Sie die Order hinsichtlich Kauf und Verkauf von Aktien, deren Kaufpreiszahlung (bzw. Verkaufserlösgutschrift) unter Berücksichtigung der Spesen über das laufende Konto abgewickelt wird. Nach i.d.R. zwei Bankarbeitstagen sollten Sie spätestens die schriftliche Abrechnung über Ihren „Deal" in Händen haben und das Ergebnis sollte sich auf Ihrem Konto beim Kauf durch

Belastung bzw. beim Verkauf durch Gutschrift niederschlagen. Über die Kurse Ihrer Aktien informiert Sie i.d.R. der Börsenteil der führenden Tageszeitungen, das Internet bzw. Ihre Bank.

Die solide Information über die von Ihnen oder Ihrem Berater in der Bank ausgesuchte Aktie ist wichtig: Es ist immer vorteilhaft, wenn Sie – nach dem Vorbild des erfolgreichen Großinvestors in den USA, Warren Buffet, – Geschäftsinhalt, Geschäftsverlauf und Geschäftsaussichten der AG auch verstehen. Fragen Sie: Was produziert und verkauft das Unternehmen? Wie erfolgreich und anerkannt ist sein Management? Welche Zukunftsaussichten hat es im Vergleich zur Konkurrenz und im Marktumfeld?

Vor- und Nachteile

Aktien	Chance	Risiko	Flexibilität
Inlandsaktien	↑	↑	↑
Auslandsaktien	↑	↑	↑

↑ = hoch; ➜ = solide/mittel; ↓ = gering

Bei Aktien trifft der Spruch „no risk no fun" ganz besonders zu. Sie können an der Börse viel Glück haben, aber auch sehr schnell viel Geld verlieren. Mit negativen Erfahrungen wie der Finanzkrise legen viele Anleger das Thema Aktie oft zu schnell ad acta. Leider, denn für die langfristige Geldanlage stellt die Aktie eine profitable Anlageform dar. So lag die Wertentwicklung der internationalen Aktien in den vergangenen 25 Jahren bei durchschnittlich 6,5 % p.a.

Fazit: Aktien als Geldanlage

- Die Geldanlage in Aktien setzt ein gewisses Interesse und Wissen über wirtschaftliche Zusammenhänge voraus.

- Bei geringem Anlagevolumen (unter 5 000 EUR) sollte man nicht direkt in Aktien investieren, da damit keine genügend breite Risikostreuung in der Anlage abgebildet werden kann und die Kosten dabei unverhältnismäßig hoch sind.

- Eine Regel, die bei der Anlage in Aktien dringend beachtet werden muss, ist Ihre Bereitschaft, Kursschwankungsrisiken auszuhalten – finanziell und mental.

- Je nachdem, in welcher Lebenssituation Sie sind, kann die Anlagekategorie Aktie für Sie eine Rolle spielen: Für einen einkommensgesicherten Langfriststrategen leistet ein veritables Portfolio solider, nach Ländern und Branchen diversifizierter (Index-)Werte für eine nachhaltige Vermögensmehrung erfahrungsgemäß sehr gute Dienste. Neben der Aufteilung aller Ihrer Wertpapiere (Asset Allocation) und dem Ertragsziel (Dividenden, Kurssteigerungen) ist bei Aktien die Anlagedauer von großer Bedeutung: Je jünger Sie sind, desto länger ist die potenzielle Anlagedauer, und damit ist auch ein höherer Aktienanteil möglich. Die Faustformel lautet hier: 100 minus Lebensjahre = prozentualer Aktienanteil am Gesamtvermögen.

- Bei kleineren Anlagebeträgen bzw. bei regelmäßigen Sparplänen (ab 50 EUR) ist es ratsam, in Aktienfonds zu investieren (ab S. 49).

Anleihen

Anleihen (auch Rentenpapiere oder Obligationen, Schuldverschreibungen, Pfandbriefe, engl. „Bonds" genannt) sind meist
fest-, manchmal variabel- und selten sogar nicht-verzinsliche
Wertpapiere. Sie gelten i.d.R. als sichere, jedenfalls weniger
schwankungsanfällige (volatile) Anlageform als Aktien. Sie
bergen aber auch Risiken, die Sie beachten müssen.

Merkmale

Wer sein Geld in Anleihen anlegt, ist nichts anderes als
Kreditgeber (Gläubiger). Als Inhaber einer Anleihe stellen Sie
in der Höhe der Tranche, zu der Sie die Anleihe erwerben
(beim Ersterwerb zeichnen), dem Herausgeber der Anleihe
(Schuldner) Ihr Geld zur Verfügung und erwarten / erhalten
dafür Zinsen (auch Kupon genannt). Damit unterscheidet sich
z.B. der Inhaber einer Unternehmensanleihe vom Inhaber
einer Unternehmensaktie: Ersterer ist Gläubiger, letzterer ist
Mitinhaber des betreffenden Unternehmens.

Herausgeber von Anleihen sind z.B. die Institutionen der
öffentlichen Hand (Bund, Länder Kommunen, öffentlich-
rechtliche Institutionen), Internationale Organisationen, Banken und Unternehmen. Anstatt sich auf die für Privatpersonen
oder kleinere Unternehmen übliche Weise Kredit bei Finanz-
instituten zu besorgen, begeben sich die geldsuchenden An-
leiheemittenten (durch die Vermittlung der Banken) auf den
Kapitalmarkt – das ist die internationale Gemeinschaft der
Kapitalanbieter und Kapitalsucher – und werben mit ihren
Konditionen um das Anlagekapital privater und institutionel-

ler Investoren. Als Sicherheiten dienen den Gläubigern bei Anleihen der öffentlichen Hand i.d.R. die Garantie der Schuldnerin, bei Firmen bzw. Banken meist deren Eigenkapital oder einfach die Bilanzqualität, im Falle von Pfandbriefen die Grundschulden und Hypotheken auf nach vorsichtigen Kriterien bewertete Immobilien, die diese Banken finanzieren.

Anleihen haben meist eine feste, gelegentlich eine variable oder stufenweise verlaufende, selten auch keine Zinszahlung („Null-Kupon-Anleihe"). Außerdem haben sie meist eine feste Laufzeit, an deren Ende der Schuldner den geschuldeten Betrag i.d.R. zu 100 % seines Nennwertes („zu pari") zurückzahlt. Der Anleger weiß somit bereits beim Kauf, wie viel er am Ende wieder zurückbekommt.

Beispiel:

 Hätte man direkt bei Auflage am 2. April 2007 eine Bundesanleihe mit 10-jähriger Laufzeit gekauft, die von der Bundesregierung mit einem Kurs von 98 % und einem jährlichen Zins von 4 % herausgegeben wurde, so erhielte man bei einer Investition von 9 800 EUR jedes Jahr am 2. April eine Zinszahlung in Höhe von 400 EUR und am Ende der Laufzeit also am 2. April 2017 sogar 10 000 EUR zurück, d.h. 200 EUR mehr als investiert wurden. Somit erreicht man eine jährliche Rendite, die bei ca. 4,2 % liegt.

Risiken

Die Risiken von Anleihen bestehen im Kursrisiko, Wiederanlagerisiko und Bonitätsrisiko.

- Das Kursrisiko ergibt sich daraus, dass die Kurse von Anleihen mit festgeschriebenem Zinssatz dann fallen, wenn während der Laufzeit der Anleihe die aktuellen Zinsen am Geld- und Kapitalmarkt steigen. Will man eine Anleihe z.B. vor ihrer Endfälligkeit verkaufen, so kann man bei einem gestiegenen Marktzinssatz Kursverluste erleiden, die unter Umständen sogar höher sind als der Kupon (die Zinszahlung) der Anleihe. Behält man die Anleihe allerdings bis zur Endfälligkeit, so ist man von den Kursschwankungen, die bis dahin stattfinden, nicht betroffen, da man am Laufzeitende den Nennwert der Anleihe i.d.R. zu 100 % zurückbekommt.

- Das Wiederanlagerisiko bezeichnet die Ungewissheit, zu welchem aktuellen Zinssatz die seitens der Anleihe (meist einmal jährlich) fällig gewordenen Zinszahlungen wieder angelegt werden können. Denn wenn beispielsweise das aktuelle Zinsniveau des Kapitalmarktes während der Laufzeit der Anleihe unter deren Festzins gesunken ist, dann steigt zwar (vorübergehend) der Kurs der Anleihe. Der Zinseszinsfaktor verschlechtert sich jedoch gegenüber der ursprünglichen Kalkulation bei Erwerb der betreffenden Anleihe, weil eine Wiederanlage der Zinsen weniger attraktiv geworden ist.

- Das Bonitätsrisiko (Emittentenrisiko) sollten Sie besonders beachten: Es bezieht sich auf die Kreditwürdigkeit (Bedienung der Zinszahlungen und der Kapitalrückzahlung) des Herausgebers der Anleihe. Um es einschätzen zu können, gibt es Bewertungsskalen (Ratings) von Rating-Agenturen wie z. B. von Standard & Poor's, Moody's oder Fitch.

Das Rating von Anleihen

Je schlechter das Rating, desto höhere Zinsen muss der Emittent zahlen, damit er überhaupt Anleger findet, die das Risiko eines Ausfalls der Rückzahlung des eingesetzten Kapitals eingehen. Dies kann vorkommen z. B. bei Staatsanleihen von Schwellenländern, aber auch bei Unternehmen, deren Geschäftsverlauf sich drastisch verschlechtert. Anleihen vom deutschen Staat haben mit „Triple-A" das höchste Rating und sind daher bedenkenlos zu empfehlen. Aber auch große deutsche oder europäische Unternehmen können ein sehr gutes Rating haben. I. d. R. ist das Rating der Anleihen in den großen Wirtschaftszeitungen bzw. -zeitschriften mit angegeben.

> Vorsicht: Man sollte den Bewertungen der Ratingagenturen nicht bedenkenlos vertrauen. Die Pleite der Investmentbank Lehman Brothers 2008 kam völlig überraschend und keine der renommierten Ratingagenturen lieferte im Vorfeld Indizien für diesen „GAU".

Ratings und ihre Bedeutung

S&P	Moody's	Bedeutung
Investment Grade		
AAA	Aaa	Beste Qualität; geringste Ausfallwahrscheinlichkeit
AA+	Aa1	Hohe Qualität; hohe Fähigkeit, den laufenden Zahlungsverpflichtungen nachzukommen
AA	Aa2	
AA-	Aa3	
A+	A1	Angemessene Deckung von Zins und Tilgung; Veränderungen im wirtschaftlichen Umfeld können sich aber negativ auswirken
A	A2	
A-	A3	
BBB+	Baa1	Aktuell erscheinen Zins und Tilgung gedeckt, aber mangelnder Schutz gegen wirtschaftliche Veränderung
BBB	Baa2	
BBB-	Baa3	

Ratings und ihre Bedeutung		
S&P	Moody's	Bedeutung

Spekulative Grade

S&P	Moody's	Bedeutung
BB+ BB BB-	Ba1 Ba2 Ba3	Enthält spekulative Elemente; Bedienung der Anleihe nur gesichert, wenn das wirtschaftliche Umfeld stabil bleibt oder sich verbessert
B+ B B-	B1 B2 B3	Auf lange Sicht nur geringe Sicherung von Zins und Tilgung; hat die Charakteristika eines dauerhaften Investments
CCC+ CCC CCC-	Caa1 Caa2 Caa3	Ein Zahlungsausfall ist während der Laufzeit sehr wahrscheinlich
CC C	Ca C	Hochgradig spekulativ; akute Gefahr des Zahlungsverzugs; bei Moody's Zahlungsverzug
D/SD	–	Gläubiger befindet sich im Zahlungsverzug

Die Wandelanleihe

Unter der Vielzahl der Anleihevarianten sei hier auf eine Spezialität hingewiesen: die Wandelanleihe (Convertible Bond). Sie bietet dem Inhaber die Möglichkeit, dass er seine Anleihetranche in einem bestimmten Verhältnis und zu einem bestimmten Datum in Aktien des gleichen Unternehmens tauschen kann (Wandlungsrecht). Mit steigendem Aktienkurs an der Börse entwickelt sich auch der Kurs der Anleihe nach oben. Dieser doppelten Ertragschance (Kursentwicklung der Anleihe, Umtausch in Aktien zu ihrem Marktwert) steht eine deutlich niedrigere Anleiheverzinsung gegenüber.

Anleihen	Chance	Risiko	Flexibilität
Bundesanleihe	↓	↓	→
Auslandsanleihe	↑	↑	→
Unternehmensanleihe	→	→	→

↑ = hoch; → = solide/mittel; ↓ = gering

Fazit: Anleihen als Geldanlage

- Anleihen eignen sich gut für Anleger, deren Risikoprofil eher konservativ und auf regelmäßige Zinseinkünfte bei geringem Kursschwankungsstress ausgerichtet ist.

- Allerdings bedient der Kapitalmarkt in seiner Vielfalt auch risikobewusste Anleger – z.B. mit Anleihen von Unternehmen (Corporate Bonds), deren Bilanz- und Finanzqualität unter dem Durchschnitt ihrer Branche liegt, oder von staatlichen/öffentlichen Emittenten aus Regionen, deren wirtschaftliche und politische Stabilität weit entfernt von den Maßstäben Europas oder der USA ist (Emerging Markets). Solche Emissionen, die unter Bonitätsproblemen leiden und entsprechende Risiken beinhalten, können deutlich höhere Renditen bieten.

- Für Anleger, die einen langfristigen Vermögensaufbau oder das Wachstum ihres Portfolios im Visier haben, sind Anleihen lediglich als risikoabfedernde Beimischung (etwa 20–40 %) zu Aktien geeignet; für einkommensorientierte Anleger dagegen bis zu 80 % oder darüber.

Was Sie beim Kauf beachten sollten

Anleihen können Sie jederzeit bei Ihrer Bank oder Ihrem On-line-Broker kaufen. Die handelbare Betragsstückelung beginnt meist bei mindestens 1 000 EUR. Bei kleinen Anlagebeträgen raten wir dazu, aus dem großen Angebot einen Investment-fonds, der in Anleihen investiert (Rentenfonds), zu erwerben; darüber informieren wir Sie im Kapitel „Investmentfonds" (ab S. 49). Ein entscheidendes Kriterium bei der Geldanlage in Anleihen ist die Kennzahl ihrer Rendite. Diese setzt sich im Wesentlichen aus folgenden Faktoren zusammen: Höhe des Zinssatzes (Kupon), dem aktuellen Kurs, der Restlaufzeit und der Bonitätseinstufung der Anleiheschuldnerin.

> Grundsätzlich gilt: Je höher die Rendite, desto niedriger ist die Bonität der Anleihe bzw. desto höher das immanente Risiko.

Als Vergleichsmaßstab („Benchmark") gilt die Rendite bun-desdeutscher Staatsanleihen bzw. der Durchschnittswert aus mehreren von ihnen, die Umlaufrendite. Die Renditen sind wie die Ratings von Anleihen meist in den Kursteilen der führen-den deutschen Tages- oder Finanzzeitungen angegeben.

Bausparverträge

Merkmale

Diese Anlageform ist in erster Linie interessant für zukünftige wohnungswirtschaftliche Maßnahmen, insbesondere den Kauf, Bau und Umbau von Wohneigentum sowie den Ausbau-oder Werterhaltungsmaßnahmen von Gebäuden. Allerdings kann auch allein die Inanspruchnahme der staatlichen Förderung ein gutes Argument für den Bausparvertrag sein. Natürlich hat jede Bausparkasse ihren eigenen Bauspartarif, aber das zugrundeliegende Modell ist bei allen gleich: Beim Bausparen schließen sich Bausparer quasi über die Bausparkasse zu einem Kollektiv zusammen, mit dem Ziel, schneller an ein zinsgünstiges und -sicheres Darlehen zu gelangen.

Beispiel:

 Zehn „zukünftige Wohnungseigentümer" planen jeweils Baukosten von 200 000 EUR für ihr Eigenheim ein und können inklusive Guthabenzinsen pro Jahr 10 000 EUR sparen. Ohne weitere Investitionen haben sie sich die Baukosten erst nach 20 Jahren erspart und können mit dem Bau beginnen. Zahlen sie jedoch alle ihren jährlichen Beitrag in einen gemeinsamen Topf, so kommen alle zwei Jahre 200 000 EUR zusammen und ein neuer Hausbau kann beginnen. Fazit: Die durchschnittliche Wartezeit sinkt von 20 auf 11 Jahre.

Funktionsweise

Der Bausparvertrag teilt sich in zwei Phasen – die Anspar- und die Darlehensphase – und setzt sich somit aus zwei Betragsteilen zusammen: der Ansparsumme (Eigenkapital) und dem Darlehen (Fremdkapital). Die verschiedenen Konditionen der Laufzeit, der Verzinsungen, des Verhältnisses des von Ihnen selbst angesparten Eigenkapitals zum zusätzlichen Fremdkapital oder der Darlehenszuteilung werden in den sogenannten Bauspartarifen zusammengefasst. Die wichtigsten Eckpunkte für die Zuteilung eines Bauspardarlehens sind:

- Mindestbetrag der Ansparsumme i.d.R. 40–50 % der benötigten Gesamtsumme.

- Mindestlaufzeit der Ansparphase i.d.R. 18 Monate.

- Ausreichende Bewertungszahl; das ist die Kennziffer, deren Höhe sich u.a. nach dem Verhältnis Ihres bisher angesparten Eigenkapitals zur Gesamtsumme, nach der Summe der aufgelaufenen Guthabenzinsen und nach der Anspardauer richtet und die Darlehensauszahlung schließlich zuteilungsreif macht.

Mit Erreichen der Bauspareigenleistung beenden Sie die Ansparphase und erwerben das Recht auf Zuteilung des Bauspardarlehens, d.h. auf Auszahlung der kompletten Bausparsumme (Eigenkapital plus Fremdkapital). Damit beginnt für Sie die Darlehensphase, in der das Darlehen in monatlichen Raten zurückgezahlt wird.

Die Wahl des Bauspartarifs

Die Wahl des günstigsten Bauspartarifs und der passenden Bausparsumme ergibt sich aus der Beantwortung folgender Fragen:

- Welches Sparziel verfolgen Sie: kaufen, bauen, renovieren, Geldanlage aus staatlichen Vergünstigungen?

- Welchen Sparhorizont haben Sie: fest geplante und terminierte Immobilienmaßnahme, vorzeitige Inanspruchnahme des Darlehens für wohnwirtschaftliche Zwecke, langfristiger Eigenkapitalaufbau für eine mögliche, aber noch nicht konkrete Immobilienmaßnahme etc.?

- Welchen Beitrag können Sie sich leisten: Sparbeitrag einerseits, Darlehenstilgung andererseits?

Bei der Wahl des Bauspartarifs steht Ihnen ein reichhaltiges Angebot der Bausparkassen zur Verfügung. Entscheidend ist neben den Zinsen und Laufzeiten die Zuverlässigkeit der Zuteilung bei Erreichen der entsprechenden Bewertungszahl. Der Erstinformation bei den meisten Banken und Sparkassen, oder im Internet (www.bausparkassen-vergleich.de) sollte eine persönliche Beratung durch einen neutralen Finanzberater folgen.

Vorteile

Bausparen – vom Staat gefördert!

Der Staat unterstützt das Bausparen mit drei unterschiedlichen Förderungsmaßnahmen:

- Wohnungsbauprämie (WoP) für eigene Sparleistungen: Anspruch auf die WoP haben alle Personen ab 16 Jahren, die einen Bausparvertrag mit mindestens 50 EUR p. a. besparen. Das zu versteuernde Einkommen darf allerdings die Grenzen von 25 600 EUR für Ledige bzw. 51 200 EUR für Verheiratete nicht überschreiten. Die Prämie wird direkt bei der Bausparkasse beantragt.

  Zum 01.01.2009 traten einige Änderungen im Wohnungsbauprämiengesetz in Kraft. Für Neuverträge ab 2009 wird die WoP nur noch gewährt, wenn das angesparte Kapital wohnungswirtschaftlich verwendet wird. Ausnahmen gelten weiterhin für soziale Härtefälle und junge Sparer, die bei Abschluss eines Bausparvertrages das 25. Lebensjahr noch nicht vollendet haben. Sie dürfen nach der 7-jährigen

Bindungsfrist weiterhin frei über den Guthabenbetrag verfügen (Ausnahme nur einmal möglich).

Wohnungsbauprämie	Alleinstehende	Verheiratete
geförderte Sparleistung pro Jahr max.	512 EUR	1 024 EUR
Förderung	8,8 %	
Max. Prämie	45,06 EUR	90,11 EUR

- Arbeitnehmer-Sparzulage für vermögenswirksame Leistungen (vL): Vielfach werden vom Arbeitgeber neben den Lohn- bzw. Gehaltszahlungen auch noch vermögenswirksame Leistungen bezahlt. Diese Arbeitgeberförderung wird gehaltsunabhängig gewährt. Für das Besparen des Bausparvertrages mit vL erhalten Sie vom Staat 9 % Arbeitnehmer-Sparzulage bis zu einem Förderhöchstbetrag von 470 EUR. Sollte Ihnen der Arbeitgeber diese Leistung nicht bis zum Förderhöchstbetrag zahlen, bitten Sie ihn, die Differenz mit Ihrem Gehalt zu verrechnen, um die ganze staatliche Förderung in Empfang nehmen zu können. Wie bei der WoP, so setzt der Gesetzgeber auch hier einen Riegel ab einem gewissen zu versteuernden Einkommen vor – 17 900 EUR für Ledige bzw. 35 800 EUR für Verheiratete. Im Gegensatz zur WoP erfolgt die Antragstellung für die Arbeitnehmer-Sparzulage beim Finanzamt.

Nach Ablauf einer 7-jährigen Bindungsfrist (ab Vertragsbeginn) können Sie frei über Ihr Sparguthaben verfügen, ohne die staatliche Sparzulage zu verlieren. Die staatliche Vergünstigung bleibt auch vor Ablauf der Bindungsfrist erhalten, sofern der Vertrag für wohnwirtschaftliche Zwecke verwendet wird.

- „Wohn-Riester"-Förderung eines Bausparvertrages gemäß Riester-Systematik, rückwirkend zum 01.01.2008 eingeführt (ab S. 73)

Weitere Vorteile

- Schon beim Abschluss eines Bausparvertrages wird Ihnen mitgeteilt, mit welchem zukünftigen Darlehenszins Sie rechnen können. Da dieser Zins im Regelfall sehr niedrig und fest ist, kann dies in einer zukünftigen Hochzinsphase bei der Baufinanzierung ein entscheidender Faktor sein.

- Bei Bausparverträgen sind in der Darlehensphase üblicherweise Sondertilgungen in beliebiger Höhe möglich; das macht die Rückzahlung flexibel. Bauspardarlehen werden zudem sehr schnell – je nach Tarif – in 6 bis 16 Jahren getilgt (das macht die Tilgungsraten allerdings vergleichsweise hoch!).

- Der Bausparvertrag zählt zu den sichersten Anlageprodukten, da alle Spareinlagen über einen Sicherungsfonds geschützt sind.

Beispiel:

 Bausparsumme (BS) 50 000 EUR, Sparzins 1 %, Darlehenszins 3,5 %, Abschlussgebühr 1 %, Mindestansparung 40 %, monatlicher Sparbeitrag 4 ‰ der BS (200 EUR), Darlehens- und Tilgungsrate 6 ‰ der BS (300 EUR). Nach knapp über 8 Jahren haben Sie Ihre Mindestansparsumme von 20 000 EUR erreicht, und somit Anspruch auf die Darlehenssumme in Höhe von 30 000 EUR erlangt. Bei der Darlehens- und Tilgungsrate von 300 EUR sind Sie nach knapp 12 Jahren wieder schuldenfrei.

Nachteile

- Bei Abschluss eines Bausparvertrages werden zwischen 1 % und 1,6 % der Bausparsumme als Abschlussgebühr erhoben. Zum Teil wird erst nach deren vollständiger Bezahlung die erste Sparrate dem Bausparvertrag gutgeschrieben. Bei manchen Bausparkassen kann die Abschlussgebühr jedoch mit den ersten Sparraten verrechnet werden.

- Dem Vorteil niedriger Darlehenszinsen steht der Nachteil ebenfalls geringer Guthabenszinsen gegenüber: im Schnitt zwischen 1 % und 1,5 %.

- In der Ansparphase kann die Sparrate flexibel gehandhabt werden. Die Tilgungsraten in der Darlehensphase dagegen sind fest und infolge der relativ kurzen Tilgungsdauer entsprechend hoch.

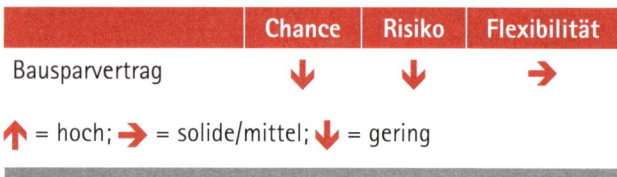

	Chance	Risiko	Flexibilität
Bausparvertrag	⬇	⬇	➡

⬆ = hoch; ➡ = solide/mittel; ⬇ = gering

Fazit: Bausparverträge als Geldanlage

- Wenn Sie sich innerhalb der vorgegebenen Einkommensgrenzen die staatlichen Förderungen nicht entgehen lassen und gleichzeitig eine Teilfinanzierung Ihres zukünftigen Eigenheims sichern wollen, kommen Sie an einem Bausparvertrag nicht vorbei.

- Zudem können Sie seit 2008 über einen Bausparvertrag auch die Riester-Förderung in Anspruch nehmen – sowohl in der Anspar- als auch in der Darlehensphase.

- Ein Bausparvertrag besitzt – so beliebt er bei den Deutschen auch ist – als langfristiges Anlageprodukt eher geringere Chancen, aber auch ein geringes Risiko.

Beteiligungen

Bei einer Beteiligung stellt der Anleger einem Unternehmen direkt Kapital – meist nicht unter 10 000 EUR – zur Verfügung und wird im Gegenzug Miteigentümer des Unternehmens, i.d.R. auch mit unternehmerischer Mitverantwortung und persönlicher (Teil-)Haftung. Die finanzielle Größenordnung der Beteiligungssumme ist begrenzt und die Zahl ihrer Mitglieder soll überschaubar bleiben. Deshalb werden die meisten Beteiligungsangebote nach Erreichen ihres Beteiligungsvolumens bzw. nach Ablauf einer begrenzten Zeichnungsfrist für weitere Investoren geschlossen, woraus sich die Bezeichnung „Geschlossene Fonds" ableitet.

Merkmale

Die Rechtsform der Anteilseigner ist im Allgemeinen die einer Personengesellschaft, meist einer Kommanditgesellschaft (KG); die Rechtsform der Unternehmensverwaltung meist eine GmbH. Infolge gesetzgeberischer Veränderungen in jüngster Zeit haben sich die Vorteile von Beteiligungen hinsichtlich steuerlicher Abschreibungsmöglichkeiten verflüchtigt; geblieben sind unternehmerische Mit-Risiken, aber auch weiterhin attraktive Renditen. Zur steuerlichen Thematik ist eine fachliche Beratung ebenso unabdingbar wie die genaue Lektüre der Emissionsprospekte zum Beteiligungsangebot selbst.

Die am häufigsten anzutreffenden Beteiligungsgesellschaften in Deutschland widmen sich dem Erwerb, der Verwaltung und dem Wiederverkauf von Gewerbeimmobilien, Schiffen, Energiegewinnungs- und Versorgungsunternehmen, und hier in letzter Zeit besonders den Windkraftanlagen.

Beteilungen	Chance	Risiko	Flexibilität
geschloss. Immobilienfonds	↑	↑	↓
Leasingfonds	↑	↑	↓
Schiffsbeteiligungen	↑	↑	↓
Windkraftanlagen	↑	↑	↓

↑ = hoch; → = solide/mittel; ↓ = gering

Beteiligungsarten

- **Immobilienfonds** investieren das Beteiligungskapital in eine eng begrenzte Anzahl von Gewerbeimmobilien. Bei dieser Art bietet sich dem Anleger die Chance, langfristig Ertrag aus Mieteinnahmen und einer eventuellen Werterhöhung des Objekts zu generieren. Die steuerlichen Abschreibungsmöglichkeiten für Immobilienanlagen sind hierbei teilweise erhalten geblieben. Das vorzeitige Verlassen des geschlossenen Immobilienfonds ist nur durch Verkauf der Anteile an einen interessierten Investor möglich. Kommt der Fonds in Liquiditätsengpässe, so sind Gläubiger nicht selten zu Finanzspritzen verpflichtet. Auch das Risiko eines Wertverfalls der Immobilieninvestments kann nicht ausgeschlossen werden, selbst wenn solide Emittenten deren Werthaltigkeit aufgrund ihrer Erfahrungen und Marktkenntnisse besonders gut beurteilen können.

- **Leasingfonds** gleichen in weiten Teilen den geschlossenen Immobilienfonds. Die Grundidee besteht darin, dass die Leasingnehmer die Leasingobjekte (häufig Flugzeuge, aber auch andere technische Anlagen) nach Vertragslaufzeit erwerben können, meistens zu einem vertraglich vereinbarten Kaufpreis sogar erwerben müssen. Die Einnahmen des Anlegers errechnen sich aus einem konstanten Nutzungsentgelt und dem zum Vertragende zu zahlenden endgültigen Kaufpreis auf das Leasingobjekt.

- **Schiffsfonds** investieren i.d.R. ab 10 000 EUR in Schiffsgesellschaft/en bzw. in konkrete Schiffe: Tanker, Frachter, Kreuzfahrtschiffe. Aus dem Eigenkapital der Anleger wird in Verbindung mit Fremdkapital ein Schiff erworben und anschließend über eine Reederei an Nachfrager vermietet (verchartert). Von den Erlösen werden die Betriebskosten des Schiffes wie auch die Darlehen bezahlt, der restliche Überschuss geht an die Anleger. Ein eventueller Verkauf des Schiffes zum Ende der Laufzeit (8 bis max. 20 Jahre) wird den Anlegern abzüglich anfallender Kosten als sogenannte Schlussvergütung gezahlt. Das Risiko einer nicht oder schlecht stattfindenden Schiffsvercharterung, eines verlustreichen Wiederverkaufs und das Währungsrisiko (Kosten und Erlöse meist in US-Dollar) gehören zur Kehrseite dieser im Übrigen recht lohnenden Investition.

> Achten Sie darauf, dass auch die Reederei an dieser Schiffsbeteiligung Anteile hält. Es wird im eigenen Ermessen des Reeders liegen, immer für genügend Aufträge zu sorgen, um die Kassen zu füllen.

- **Windkraftfonds** sind eine den Schiffsfonds ähnliche Beteiligungsform. Der Staat bietet im Moment zwar noch einen gesetzlichen Strom-Mindestpreis, jedoch wird auch dieser nicht von Dauer sein. Die Rendite von Windkraftfonds wird allein schon von der Natur beeinflusst – weht kein Wind, kosten die Anlagen nur Geld. Weiterhin kommen auch noch einige technische Risiken hinzu, vor allem im sogenannten Offshore-Bereich, den Windkraftanlagen auf offenem Meer.

Fazit: Beteiligungen als Geldanlage

- Da Beteiligungen an unternehmerisch geführten Investitionsobjekten i. d. R. erst ab einer gewissen Größenordnung (ca. 10 000 EUR) angeboten werden und auch Sinn machen, ist diese Form der Geldanlage vorläufig für gut verdienende bzw. finanzstarke Anleger geeignet; vorläufig deshalb, weil manche Emissionshäuser bereits dabei sind, ihre Beteiligungsangebote auf eine breitere Investorenbasis mittels kleinerer Stückelungen und reduzierter Risikoausstattung zu stellen, ja sogar Beteiligungssparpläne mit relativ geringen Raten zu entwickeln.

- Die Formen der (quasi) unternehmerischen Beteiligungen werden in Zukunft an zielgruppenspezifischer Breite und inhaltlicher Variation zunehmen, weil sie als Möglichkeiten der privaten Finanzierung von öffentlichen Aufgaben (wie z. B. Abfallentsorgung, Energieversorgung u. v. m.) angesichts der Umschichtungspolitik der öffentlichen Haushaltsfinanzierungen willkommene Alternativen oder Ergänzungen darstellen.

Gold und andere Rohstoffe

Der Rohstoff Gold ist relativ selten und nicht zuletzt dank seiner Verarbeitung zu Münzen, Kunst- und Schmuckgegenständen nicht nur für Sammler und Sachverständige Ausdruck hoher Wertbeständigkeit. Zudem hat Gold den Ruf einer internationalen Sicherheitswährung. Andere Rohstoffe sind Nichtedelmetalle wie Kupfer, Zink, Nickel etc., aber auch landwirtschaftliche Rohstoffe wie Kaffee- und Sojabohnen, Getreide etc. sowie auch Energierohstoffe wie Öl, Gas, Kohle; hinzu kommt zunehmend das „blaue Gold": Wasser.

Merkmale

Für das Material Gold und andere Rohstoffe bekommt der Anleger keine Zinsen gutgeschrieben. Gleichwohl bieten sich hervorragende Gelegenheiten, am Wertzuwachs zu partizipieren. Zum einen über börsengehandelte Warenterminkontrakte – hier bestehen zwei Möglichkeiten:

- Option: Hier kauft der Anleger das Recht, zu einem noch offenen Preis eine bestimmte Menge eines bestimmten Rohstoffes oder des entsprechenden Rohstoffindizes in einem definierten Zeitrahmen zu kaufen bzw. zu liefern.

- Future: Hier kauft der Anleger die Verpflichtung, zu einem bestimmten Preis eine bestimmte Menge eines bestimmten Rohstoffes oder des entsprechenden Rohstoffindizes zu einem fixierten Datum zu kaufen bzw. zu liefern.

Das Ganze geschieht nicht materiell, sondern in Form des Gegenwertes in Geld. Solche Termingeschäfte sind hoch spekulativ, bedürfen großer Professionalität und starker finanzieller Rücklagen, weshalb sie für „normale" Geldanleger auch nicht in Frage kommen. Gleichwohl finden sie hier Eingang, weil sich inzwischen auch dem breiten Anlegerpublikum angebotene Investmentfonds und Zertifikate teilweise diesen Termingeschäften zuwenden. Weitere Zugänge zur Investition in Gold und in andere Rohstoffe bieten sich über Aktien/Aktienindizes von Unternehmen, die sich der Förderung und Verarbeitung der Rohstoffe sowie der Zulieferung dafür widmen. Natürlich finden sich auch genügend Investmentfonds und Zertifikate, deren Sondervermögen bzw. Basiswerte auf Rohstoffe/Rohstoffindizes Bezug nehmen.

Vor- und Nachteile

Gold & Rohstoffe	Chance	Risiko	Flexibilität
Gold	↑	↑	→
Öl	↑	↑	→
Kaffee	↑	↑	→
Zucker	↑	↑	→

↑ = hoch; → = solide/mittel; ↓ = gering

Da Gold und andere Rohstoffe als Sachwertanlagen grundsätzlich, wenn auch nicht ausnahmslos, als inflationsresistente Anlageformen gelten, eignen sich die darauf Bezug nehmenden Aktien/Aktienindizes gut zur Ergänzung eines inflationsanfälligeren Wertpapierdepot, wie es bei Geldwertanlagen (Spareinlagen, Anleihen) der Fall sein kann. Doch Vorsicht: Das Gesetz von Angebot und Nachfrage macht auch nicht vor Gold und Rohstoffen Halt. So ist auf jeden Fall ein wachsames Auge auf die Märkte zu richten. Wenn die Nachfrage infolge der globalisierten Wirtschaft und des Rohstoffhungers der bevölkerungsreichsten Volkswirtschaften wieder anspringt, sollte sich auch die Preisentwicklung der Rohstoffe wieder nach oben fortsetzen bzw. auf hohem Niveau einpendeln.

> Sobald die Nachfrage – wie in der aktuellen Finanzkrise gesehen – nachlässt, kann es sehr schnell zu einem empfindlichen Preisverfall und Verlust in Ihrem Portfolio kommen.

Neben dem realökonomischen Angebot- und Nachfrage-Prinzip wird der Gold- und Rohstoffsektor in der Entwicklung seiner einzelnen Werte oder Indizes zusätzlich von Finanzinvestoren ausschließlich spekulativ beeinflusst, so dass es zu Trendverstärkungen kommen kann (wie z. B. Ende 2007 beim Rohöl), die in der marktwirtschaftlichen Realität von Goldangebot und -nachfrage nicht gerechtfertigt sind.

Fazit: Gold und andere Rohstoffe als Geldanlage

- Es ist Vorsicht geboten, aber trotzdem: 5 bis 15 % eines Wertpapierdepots können in rohstoffbezogene Anlageformen, nach Möglichkeit in breit streuende Fonds oder Indexzertifikate ohne Laufzeitende investiert werden.

- Edelmetalle, insbesondere Gold, in Form von Münzen, Schmuck oder Kunstgegenständen, halten wir durchaus für eine überlegenswerte Form, sein Geld anzulegen; sie erfordert allerdings sehr gute Markt- und Preiskenntnisse sowie persönliche und professionelle Spezialberatung (z. B. bei Banken, Auktionshäusern usw.).

- Und noch ein Warnhinweis: Trotz gesetzlicher Einschränkungen versuchen rhetorisch versierte Verkäufer
  per Telefonakquise Kunden für Warentermingeschäfte
  zu gewinnen. Sie locken mit hohen Renditeaussichten,
  die zwar eintreten können, es aber in solchen Fällen der
  Geschäftsbeziehung selten tun. Lassen Sie sich nicht
  darauf ein, wenn jemand aus „Anlageparadiesen" Ihnen
  verspricht, Sie mit der nächsten Kaffee-Ernte reich zu
  machen – er will nur Ihr Geld!

Immobilien

Die älteste Form, sein Geld anzulegen, ist die Immobilie. Ob
selbst genutzt oder vermietet: Die Immobilie ist ein stabiler
Eckpfeiler der Vermögensbildung und Zukunftssicherung. Darüber hinaus bietet sie dem Eigentümer in den allermeisten
Fällen das Gefühl von Unabhängigkeit und Sicherheit.

Vorteile

Wenn Sie Ihre Immobilie selbst nutzen

Wenn für Sie eine Immobilie als Form der Geldanlage in
Betracht kommt, beziehen Sie neben den immateriellen Aspekten der individuellen Ausdrucksform Ihrer Lebensgestaltung folgende Punkte in die Beurteilung ein: Wohnt ein
Rentner zur Miete, wendet er im Schnitt 53 % der gesetzlichen Rente für Miete und Nebenkosten auf. Ein Eigentümer
trägt lediglich die Nebenkosten, die er durch Energiesparmaßnahmen noch weiter senken kann – im Gegensatz zum Mieter.

- Die Immobilie ist inflationsgeschützt, weil die Mietersparnis im Laufe der Jahre i.d.R. ansteigt.

- Geld-Riester-Renten und die Leistungen aus der betrieblichen Altersvorsorge sind zu 100 % steuerpflichtig, „Rü-
rup-Renten" – je nach Rentenbeginn – bis zu 100 %. Die
Mietersparnis hingegen ist unbesteuert. Dieser Vorteil wird
mit jedem künftigen Jahr bedeutungsvoller, da immer mehr
Rentner in die Steuerpflicht kommen.

- Im Gegensatz zu allen Formen staatlich geförderter Altersversorgung, die bis zum 60. Lebensjahr in keiner Weise
verfügbar sind, können Sie Ihre Immobilie jederzeit belei-
hen oder verkaufen.

- Mit einer Immobilie können Sie in den Genuss zahlreicher
staatlicher Finanzierungshilfen kommen.

- Die Immobilie ist die einzige Altersversorgung, die Sie
bereits Jahrzehnte vor der Rente nutzen können.

- Die Immobilie ist eine relativ sichere Form der Geldanlage.
Insbesondere in wirtschaftlich wie politisch turbulenten
Zeiten ist dieser Sachwert weniger krisenanfällig als ein
Geldwert. Allerdings kommt es in erheblichem Maße auf
die Lage der Immobilie an.

Selbst genutzte Immobilien sind nicht nur eine sinnvolle Form der Geldanlage; sie sind auch wegen staatlicher Förderungen interessant (siehe
z.B. die neue „Wohn-Riester"-Förderung). Darüber hinaus werden sie
künftig für die Altersvorsorge wichtige Beiträge leisten können – und
müssen!

Staatliche Zuschüsse für Ihre Immobilie

Auch nach dem Wegfall der Eigenheimzulage 2006 gewährt der Staat zahlreiche Finanzierungshilfen. Die Kernbereiche staatlicher Förderung sind:

- Wohnungsbauprämie, insbesondere für einen Bausparvertrag (ab S. 28): Die Prämie beträgt 8,8 % der prämienbegünstigten jährlichen Aufwendungen, max. 1 024 EUR für Verheiratete (Ledige 512 EUR), falls das zu versteuernde Einkommen 51 200 EUR (25 600 EUR) nicht überschreitet.

- Arbeitnehmer-Sparzulage (z.B. für einen Bausparvertrag): Sie beträgt 9 % der angelegten vermögenswirksamen Leistungen, soweit diese 470 EUR p.a. nicht übersteigen und das zu versteuernde Einkommen die Grenze von 35 800 EUR bei Verheirateten (17 900 EUR bei Ledigen) nicht überschreitet.

- Der „Wohn-Riester" im Rahmen des Eigenheimrentengesetzes: Aus jedem Riester-Vertrag dürfen im Rahmen der Kapitalentnahme während der Ansparphase bis zu 75 % oder die kompletten 100 % an den Zulagenberechtigten ausgezahlt werden – zinslos und unversteuert, um damit den Erwerb oder Bau von selbst genutztem Wohneigentum zu finanzieren. Zudem profitieren auch zertifizierte Bausparverträge und Wohnungsdarlehen von der bewährten Riester-Förderung.

- Zinsvergünstigte Darlehen der KfW-Bankengruppe für ökologisches Bauen, Wohnraummodernisierung und CO_2-Gebäudesanierung, mit der Möglichkeit des Teilschulderlasses bei energiesparenden Maßnahmen (vgl. die aktuellen Konditionen bei www.kfw.de).

- Zuschüsse für den Erwerb von Solaranlagen zum Zwecke der Warmwasserbereitung und/oder Heizunterstützung sowie Zuschuss für Energieberatung jeweils durch das Bundesamt für Wirtschaft und Ausfuhrkontrolle (BAFA, vgl. www.bafa.de/bafa/de/energie).

Wenn Sie Ihre Immobilie vermieten

Auch der Immobilienerwerb mit dem Ziel, Mieteinnahmen zu erhalten und gegebenenfalls später durch Verkauf Wertsteigerungen zu realisieren, kann eine lukrative Form der Geldanlage sein. Folgende Vorteile ergeben sich:

- Aufgrund von Abschreibungen und durch die Geltendmachung von Werbungskosten (z.B. Zinsaufwendungen) reduziert man i.d.R. das zu versteuernde Einkommen und spart somit Steuern.

- Unabhängig von der Steuerersparnis erhält man Mieteinnahmen, die alleine schon eine interessante Rendite bewirken können.

- Ein Wertzuwachs ist nach Ablauf der Spekulationsfrist (zehn Jahre) ggf. nicht zu versteuern. Denn die Immobilie ist als Spekulationsobjekt – wenn auch mit längerem Zeithorizont als bei Finanzanlagen – für Investoren mit entsprechender Finanzkraft, Marktkenntnis und Erfahrungen eine attraktive Geldanlage.

- Mietnebenkosten (Energiekosten, Müllabfuhr, Straßenreinigung etc.) werden wegen ihres hohen Volumens heute schon als die „zweite Miete" bezeichnet. Seit 1995 stiegen die Kaltmieten um 17 %, die Energiepreise jedoch um über 100 %. Baut oder erwirbt man eine Immobilie mit geringem Energieverbrauch, lassen sich die Umlagen senken und im gleichen Ausmaß die Nettokaltmieten, das Einkommen des Vermieters, erhöhen.

- Ist man bereits Eigentümer einer vermieteten Immobilie, bewirkt eine energetische Gebäudesanierung, dass die Nebenkosten deutlich sinken. Gleichzeitige Mietsteigerungen bis zu 11 % pro Jahr der Modernisierungskosten (abzüglich staatliche Zuschüsse) sind gesetzlich zulässig. Seit 2008 ist der Energieausweis Pflicht für Gebäude, die vor 1978 errichtet wurden und bis zu vier Wohneinheiten aufweisen. Damit ergibt sich ohnehin ein Druck auf den Vermieter zur energetischen Gebäudesanierung (Detail-Informationen hierzu bietet der TaschenGuide „Energieausweis").

Allerdings sollte der Schuldenanteil an der Finanzierung in vernünftigem Rahmen bleiben, weil sonst die Belastungen aus Zins- und Tilgung zu großer finanzieller Unfreiheit führen.

Immobilie schafft bleibenden Wert

Für beide Formen – selbst genutzte oder vermietete Immobilie – gilt: Während die auf Rentenzahlung ausgerichteten Formen der finanziellen Zukunftssicherung das bis zum Rentenbeginn angesparte Kapital komplett verrenten und kein Restkapital übrig lassen, bleibt der Wert der Immobilie erhalten (sofern eine schlechte Lage dem nicht entgegensteht), wird also nicht durch Rentenzahlungen aufgezehrt. Es wird somit ein nachhaltiger Wert geschaffen, der den Nachkommen später einmal geschenkt oder vererbt werden kann (Generationenvorsorge) oder bei Verkauf als finanzieller Grundstock für ein späteres Leben in einem Seniorenheim dienen kann.

Nachteile

Immobilienerwerb erfordert von „Normalverdienern" relativ große finanzielle und planerische Kraftanstrengungen. Doch viele sind im Hinblick auf die mit dem Wohneigentum erhofften Vorteile bereit dazu, auch Nachteile in Kauf zu nehmen.

- Die Finanzierung der Immobilie erfordert Zins- und Tilgungsbelastungen, die den bisherigen Mietaufwand regulär übersteigen. Die Faustregel besagt, dass beim privaten Immobilienerwerb (Bau oder Kauf) neben der Fremdfinanzierung (Bankdarlehen/-hypotheken) etwa 20–30 % Eigenkapital (z. B. in Form von Bausparvertrag, Lebensversicherungs-Rückkaufwerten oder Wertpapieren) vorhanden sein sollten. Käufer, die sich hier finanziell übernehmen, können schnell in eine materielle Schieflage geraten, was nicht zuletzt seit Beginn der amerikanischen Subprime-Krise 2007 schmerzlich vor Augen geführt wurde.

- Immobilien wollen instand gehalten werden, was – auch im Rentenalter – mit regelmäßigem finanziellem Aufwand verbunden ist. Das lässt sich allerdings durch konsequente Rücklagenbildung finanzieren, ohne dass im Rentenalter Engpässe eintreten müssen.

Fazit: Immobilien als Geldanlage

- Die Immobilie ist im strengen Sinne des Begriffs zwar keine Geldanlage, sondern eine Sachanlage. Allerdings eine, zu deren Realisierung relativ viel Geld planmäßig verwendet werden muss: sowohl in der Zeit vor der Realisierung mit Ansparplänen zum Aufbau von Eigenkapital, als auch in der Zeit nach dem Immobilienerwerb oder -bau mit Tilgungsplänen zur Rückzahlung des Fremdkapitals. Für die meisten Menschen bedeutet die Immobilie nicht ein Renditeobjekt, sondern das Zuhause; sie hat für sie einen ideellen Wert, den sie sich viel Geld kosten lassen. Was nun besser ist – privat zur Miete oder im Eigentum zu wohnen –, wird also nicht nur in Zahlen gemessen werden können, sondern auch in Emotionswerten. Etwas anderes bedeutet die Immobilie, wenn sie fremd genutzt und nur nach Renditegesichtspunkten bewertet wird.

- Eine verbreitete Regel sagt, worauf es bei der Immobilienauswahl ankommt: „Lage, Lage, Lage"! Wir möchten diesen Dreiklang abwandeln: Angemessene Lage (Wohn- oder Gewerbegebiet), Substanzqualität (Altbau oder Neubau), Energieverbrauch (effizient oder sanierungsbedürftig). Sind diese Faktoren bei Ihrer Immobilie positiv im Sinne der Wirtschaftlichkeit, so sollte sich der Wert Ihrer Immobilie in Zukunft nach oben oder zumindest substanzerhaltend entwickeln.

- Auch wenn Sie eher ein ausschließlich renditeorientierter Investor sind, sollten Sie über die selbst genutzte

Immobilie nachdenken. Gerade für Familien mit Kindern sind die eigenen vier Wände ein erstrebenswertes Ziel der Lebensplanung und ein Stabilitätsfaktor.

- Daneben bieten sich auch handfestere Vorteile für Sie. Denn später bleibt die Mietersparnis – Ihre Rente aus Stein – unbesteuert, was in Zeiten zunehmender Steuersätze auf Rentenleistungen einiges heißen mag. Außerdem stellt das Eigenheim bei einer Schenkung oder Vererbung an Kinder eine wichtige Generationenvorsorge dar, die angesichts der Höhe von (vermutlich noch weiter steigenden) Freibeträgen auch steuerlich unschädlich ist.

Investmentfonds

Harry M. Markowitz, Nobelpreisträger für Wirtschaftswissenschaften, empfahl, „nicht alle Eier in einen Korb zu legen". Bezogen auf Ihre Geldanlage bedeutet das, nicht in nur ein oder wenige Anlageobjekt/e und -kategorie/n zu investieren, sondern Geldanlagen so zu diversifizieren, dass sie in ihrer Reaktion auf Ereignisse an den Finanzmärkten so wenig wie möglich übereinstimmen (das erwähnte Korrelationsprinzip (ab S. 13)). So wird z.B. die erfahrungsgemäß relativ starke Korrelation der internationalen Aktienmärkte („Wenn New York hustet, hat Frankfurt Grippe!") durch die Diversifizierung (Streuung) eines Portfolios in von Aktien unabhängige Anlagekategorien (z.B. Anleihen, Immobilien, Rohstoffe, Beteiligungen usw.) reduziert.

> Das Prinzip der Risikoverwässerung durch Streuung der Anlageobjekte ist in verschiedenen Abstufungen die Basis-Philosophie von Investmentfonds.

Merkmale

Das Grundprinzip eines Investmentfonds ist einfach: Viele Anleger legen ihr Geld in einen Topf, aus dem wiederum viele Wertpapiere gekauft werden. Diese gemeinschaftliche Investition wird als Sondervermögen bezeichnet und seine Verwaltung unterliegt der staatlichen Aufsicht. Je nach Höhe der Einlage erhält jeder Anleger Anteile an dem Sondervermögen. Dadurch hat er die Möglichkeit, schon mit kleineren Anlagesummen in viele verschiedene Wertpapiere zu investieren. Die Fondsgesellschaft (Kapitalanlagegesellschaft: KAG) fungiert als Managerin und Verwalterin des Sondervermögens im Auftrag der Investorengemeinschaft. Diese hat keinen Einfluss auf das alltägliche Management der KAG; die Mitinhaber des Sondervermögens können lediglich z. B. bei Unzufriedenheit über das Management der KAG ihre Anteile am Fondsondervermögen der KAG zum aktuell gültigen Rücknahmepreis zurückgeben.

Die einzelnen Wertpapiere im Sondervermögen der KAG werden von einer Depotbank verwahrt, die dafür Depotgebühren in Rechnung stellt. Ihre Funktion beinhaltet daneben auch die neutrale Vergleichskontrolle der durchgeführten mit den vom Fondsmanagement angeordneten Wertpapiertransaktionen.

Die Investmentfonds-Arten lassen sich in zwei Typen unterscheiden: in solche, die ihre Erträge aus den Anlagen des

Sondervermögens nach Abzug der Managementgebühren und sonstiger Kosten an den Inhaber der Fondsanteile ausschütten (i.d.R. einmal jährlich, nach Abschluss des Geschäftsjahres und Festestellung des Gewinnes), und andere, die diese Erträge dem Sondervermögen laufend zuführen, also thesaurieren, und damit den Inventarwert des Sondervermögens erhöhen. Ob Ausschüttung auf Ihr Konto oder Thesaurierung im Sondervermögen – beides gilt als Ihr Einkommen (Zuflussprinzip) und unterliegt seit 1.1.2009 der Abgeltungsteuer (ab S. 86).

Einmalige Einzahlung oder Fondssparplan?

Chance wie Risiko des richtigen oder falschen Timings sind im Fall einer einmaligen Betragseinzahlung in das Sondervermögen eines Fonds größer, als wenn mit monatlichen Beitragszahlungen über einen langen Zeitraum kontinuierlich Vermögen aufgebaut wird. Fondssparpläne sind vor allem für Personen empfehlenswert, die mit längeren Zukunftsperspektiven systematisch ihr Vermögen aufbauen und dabei flexibel bleiben wollen.

> Das Fondsvermögen ist kurzfristig verfügbar und Teile daraus können jederzeit veräußert werden. Zudem können Fondssparpläne zu jedem Zeitpunkt in der Höhe der Ansparung variiert bzw. die Zahlungen ohne Nachteile ausgesetzt werden.

Fondsarten

Kategorisch unterscheidet man die Welt der Investmentfonds

- in die Grundkategorien der Geld- und Kapitalmärkte: Aktien, Geldmarkt- und Kapitalmarktpapiere und deren Derivate,

- in die Sachwertsektoren Rohstoffe und Immobilie,
- nach verschiedenen Anlagestrategien.

Aktienfonds

Dieser Fondstyp investiert überwiegend oder ausschließlich in Aktien. Es wird nach Branchen, Ländern oder Regionen unterschieden und diversifiziert. Durch den Fokus auf Aktien zeichnet er sich tendenziell durch größere Schwankungsbreite (Volatilität) aus. Dem gegenüber stehen allerdings auch hohe langfristige Ertragschancen.

Anleihefonds

Hierbei wird hauptsächlich in verzinsliche Wertpapiere wie Unternehmens- oder Staatsanleihen investiert. Anleihefonds sind im Allgemeinen weniger volatil. und profitieren neben vergleichsweise bescheidenen Kursgewinnen insbesondere von den Zinszahlungen der Anleihen.

Geldmarktfonds / geldmarktnahe Fonds

Der Schwerpunkt dieser Fonds wird auf Termin- und Festgeldanlagen gelegt. Der sehr geringen Volatilität stehen geringe Renditen gegenüber. Geldmarkt- und geldmarktnahe Fonds bieten sich als flexiblere, in kleine Betragseinheiten aufteilbare Alternativen zu Termingeldern an, jederzeit abrufbereit für neue, andere Investitionen. Die inhaltliche Ausrichtung und geringere Verzinsung dieser Fonds ist auch der Grund für ihre niedrigen Kosten und Gebühren.

Offene Immobilienfonds

Diese investieren i.d.R. in gewerblich genutzte und mittlerweile überwiegend international lokalisierte Immobilien. Diese Kategorie der Sachwertanlagen kann für den Fondsinhaber als Ergänzung zu seinem Geldanlageportfolio auch steuerlich interessant sein.

Mischfonds

Diese setzen sich aus einem variablen Mix von Aktien, Anleihen, Geldmarktpapieren, Immobilien und Derivaten (i.d.R. Optionen auf Aktien) zusammen. Da jeder Anleger unterschiedliche Präferenzen hat, wurde mit den Mischfonds eine Anlageform geschaffen, die spezielle Anlageschwerpunkte hat bzw. den individuellen Vorstellungen der Anleger angenäherte Anlagestrategien verfolgen kann.

Dachfonds

Sie vereinen mehrere eigenständige Fonds (Zielfonds) bzw. Fondsgattungen unter dem Dach eines einzigen Fonds und dessen Generalmanagement. Sie bieten damit eine größtmögliche Variationsbreite. Dachfonds werden an Bedeutung zunehmen: zum einen, weil ihr Konzept dem einer langfristigen Vermögensverwaltung am nächsten kommen kann; zum anderen weil die Veräußerungserlöse von Zielfonds unter diesem „Dach" im Gegensatz zu denen von Fonds „unter freiem Himmel" auch in Zukunft abgeltungsteuerfrei bleiben (siehe Kap. Abgeltungsteuer (ab S. 86)). Aufpassen sollten Sie bezüglich der Kosten für die Verwaltung des Dachfonds und der Zielfonds, da ihre Kosten- und Verwaltungsstruktur aufgrund ihrer Komplexität oft nicht so transparent ausgewiesen sind wie bei einfachen Aktien- oder Rentenfonds.

Hedgefonds

Diese beziehen in ihr breites Anlagespektrum besonders gern Derivate wie Optionen und Futures mit ein. Dies sind Kauf- und Verkaufsrechte bzw. -verpflichtungen, z.B. an Wertpapieren, die während der Optionsfrist sehr teuer und nach Ablauf dieser Frist wertlos werden können. Hedgefonds sind oft und gelten immer (entgegen dem Begriff in ihrem Namen: to hedge = pflegen, ausgleichen, glätten) als sehr spekulativ, unter anderem auch infolge der möglichen, aber gefährlichen Renditehebelung durch einen hohen Fremdkapitalanteil ihres Sondervermögens. Hedgefonds unterliegen in ihrem Investitionsgebaren sowie in der Kostenstruktur bisher noch keiner staatlichen bzw. behördlichen Aufsicht wie „normale" Publikumsfonds. Eine solche Aufsicht ist jedoch in Vorbereitung (Europäische Wertpapieraufsichtsbehörde „ESMA" – am 11.11.2010 hat das EU-Parlament den Entwurf der Richtlinie zur Regulierung der Manager Alternativer Investmentfonds „AIFM-Richtlinie" verabschiedet) und geboten, wie wiederholt vorgekommene Hedgefondspleiten zeigen. Sie sind für die Geldanlage nur als Beimischung in Portfolios gut informierter und risikofähiger Anleger geeignet.

Zertifikatefonds

Diese investieren in das rasant wachsende Spektrum der Zertifikate (ab S. 79). Zur Beimischung in ein breit gefächertes er wie auch als Absicherungsinstrumente geeignet. Ihr Anteil sollte jedoch nicht mehr als 10 bis 15 % ausmachen.

Exchange Traded Funds

Sie werden, wie der Name schon verrät, börsentäglich und laufend an den Aktienbörsen gehandelt; deshalb wird ihr Kurswert auch nicht wie bei ihren „normalen Fonds-Geschwistern" nur einmal pro Tag anhand der Kurswerte im Sondervermögen von der KAG festgestellt, sondern laufend notiert. Das macht ETFs für das Anlagegeschäft schnell handelnder Investoren (Trading) so beliebt. Inzwischen interessieren sich aber auch preisbewusste Normalanleger dafür, da das Portfolio der meisten ETFs aus passiv und deshalb kostengünstig gemanagten Aktienindizes besteht.

Investmentfonds	Chance	Risiko	Flexibilität
Aktienfonds	↑	↑	↑
Rentenfonds	→	→	↑
Geldmarktfonds	↓	↓	↑
Offene Immobilienfonds	→	→	→
Hedgefonds	↑	↑	→

↑ = hoch; → = solide/mittel; ↓ = gering

Vorteile

Der Zinseszinsfaktor

Je länger die Laufzeit, desto höher die Chance, mit planmäßigem Sparen ein ansehnliches Vermögen aufzubauen. So lag die Wertentwicklung der internationalen Aktien in den vergangenen 25 Jahren bei durchschnittlich 6,5 % p.a. Hätte man also seit 1984 kontinuierlich 50 EUR pro Monat in einen Aktienfonds investiert, so hätte man heute ein Vermögen von 36 576 EUR.

Beispiel:

Unter dem Zinseszinseffekt versteht man, dass Sie Zinsen auf die Zinsen erhalten. Dies erscheint zunächst als unbedeutend. Aber die Wirkung dieses Effektes ist erstaunlich, wie die nachfolgende Tabelle zeigt. Dargestellt wird dabei das Endkapital, das man bei Investition von 50 EUR monatlich bei einer Performance (Zins und Wertentwicklung) von 6,5 % erhält.

Laufzeit in Jahren	10	20	30	40
Kapital in Euro	8 382	24 115	53 650	109 089

Bei einer Laufzeit von 40 Jahren erhalten Sie am Ende mehr als das vierfache Kapital obwohl Sie nur doppelt soviel Beiträge wie bei 20 Jahren eingezahlt haben.

Die Zeit spielt bei der Rendite eine sehr große Rolle. Dabei gilt es zu bedenken, dass die erste Sparrate immer die wichtigste ist und in der Regel die höchste Rendite auf Dauer erzielt.

Der Cost Average-Effekt

Besonders in einem Aktienfonds-Sparplan wirken sich bei gleich bleibenden Sparbeiträgen und kontinuierlichem Sparverlauf die permanenten Wertschwankungen der Aktien im Fondssondervermögen für die Rendite vorteilhaft aus. Denn für den gleich bleibenden regelmäßig eingezahlten Sparbeitrag werden während der Phasen, in denen die Aktien teuer sind (Hausse), weniger Anteile gekauft als in Phasen niedriger Aktienkurse („Baisse"). Dieses antizyklische Investieren führt zu einem insgesamt günstigen Durchschnittspreis der Fondsanteile: dem Cost-Average-Effekt. Je größer nun die Schwankungsausschläge (Volatilität) der Aktienfondsanteile, desto besser die Durchschnittspreisbildung; hier kann überschaubares Risiko sinnvoll sein.

Zur Veranschaulichung: Nehmen Sie einmal an, jeden Monat kaufen Sie Kaffee für genau 10 EUR. Heute kaufen Sie ein Kilo Kaffee für 10 EUR, wohl wissend, dass der Preis kein Sonderangebot ist. Im nächsten Monat ist Kaffee im Angebot und ein Kilo kostet nur 5 EUR, d.h. für 10 EUR sind zwei Kilo zu haben. Wieder einen Monat später kostet ein Kilo 20 EUR, somit können Sie sich für 10 EUR nur 0,5 Kilo leisten. Für insgesamt 30 EUR erhalten Sie 3,5 Kilo Kaffee – der Durchschnittspreis für ein Kilo beträgt also nicht 10, sondern nur 8,57 EUR. Das Beispiel zeigt auch für das Aktienfonds-Sparen, dass Sie von Preisschwankungen profitieren können, da Sie vernünftigerweise bei niedrigem Preis mehr und bei hohem Preis weniger Fondsanteile kaufen.

Wichtig ist allerdings, dass der langfristige Trend der Aktienfondsanteile vor allem gegen Laufzeitende des Sparplans nach oben zeigt. Um diesen in einem realistischen Zeitfenster zu erwischen, ist es ratsam – und ganz besonders im Hinblick auf eine Verwendung des Sparplans für die private Zusatzrente –, dass man bereits rund fünf bis drei Jahre vor seinem Ende und dem Beginn der Rentenzeit mit der sukzessiven Umschichtung der volatilen Aktienfondsanteile in kurs- und zinsstabile Anleihefonds beginnt.

Beispiel:

Axel Vorsicht, 23 Jahre, ist ein risikoscheuer Anleger. Vor 5 Jahren hat er sich entschlossen einen monatlichen Betrag von 50 EUR in einen sicherheitsorientierten Rentenfonds zu investieren. Heute holt er sich einen Depotauszug und freut sich über einen Betrag von 3 309 EUR bei einer Einzahlung von 3 000 EUR.

Hätte er das Geld in einen Banksparplan investiert, hätte er heute ein Kapital von 3 190 EUR und könnte sich über einen „Gewinn" von 119 EUR freuen.

Nachteile

- Zwar wird schon durch das Konstrukt des Investmentfonds und die dadurch bedingte Aufteilung des Vermögens auf viele verschiedene Wertpapiere das Einzeltitelrisiko der Kapitalanlage reduziert und mehr Sicherheit geboten. Gleichwohl bleibt im Vergleich zu risikoarmen/-losen Sparformen im Einlagensektor ein höheres Kapitalmarktrisiko bestehen.

- Ein anderer Nachteil, der allerdings nicht dem Fonds-Sparen als solchem angelastet werden kann, ist die nahezu völlig zwanglose Liquidierbarkeit des angesparten Vermögens: Das verführt Fonds-Sparer dazu, davon auch Gebrauch zu machen: Rund 60 % geben auf, bevor sie das selbst gesteckte Ziel erreicht haben. Die Gründe sind unterschiedlich: Konsum, Vertrauensverluste, Anlage-Umleitungen usw., aber nur sehr selten: fehlendes Geld!

Fazit: Investmentfonds als Geldanlage

- Von allen Fondsarten können Aktienfonds die Chancen der Kapitalmärkte am besten nutzen und die langfristig höchsten Renditen erzielen. Mit Aktienfonds beteiligen Sie sich in unterschiedlicher Diversifizierung, Schwerpunktsetzung und Risikobereitschaft an den globalen, stets im Wandel begriffenen branchen-, themen- und länderspezifischen Dynamiktendenzen der Wirtschaft.

- Gerade die Geldanlage zur privaten Altersvorsorge sollte – je nach verfügbarer Zeit bis zum Rentenbeginn – vor allem durch Aktienfonds erfolgen.

- Bei sicherheitsorientierten Anlegern sollte der Aktienanteil nicht höher sein als 80 minus Lebensjahre. Ein 40-jähriger sicherheitsorientierter Anleger sollte also maximal 40 % seines Gesamtvermögens in Aktienfonds investieren; ein 20-jähriger bis zu 60 %. Damit wird dem Faktum Rechnung getragen, dass die Kurse der Aktien sehr schwanken können und genügend Zeit bleiben sollte, schwache Börsenphasen zu überbrücken.

- Beim ertragsorientiertem Anleger lautet die Faustformel: 90 minus Lebensjahre.

- Beim chancenorientierten Investor lautet sie: 100 minus Lebensjahre, d.h. ein chancenorientierter 20-Jähriger würde ca. 80 % in Aktien oder Aktienfonds anlegen.

- Auch für Eltern, die für ihre Kinder sparen wollen, könnte ein Investmentfonds passen. Selbst kleine Sparraten, über einen langen Zeitraum verteilt, können z.B. die Ausbildungskosten der Kinder decken.

Lebensversicherungen

Unter dem Begriff Lebensversicherungen (LV) werden unterschiedliche Formen zusammengefasst: Kapitallebensversicherung, Risikolebensversicherung und private Rentenversicherung. Die Risikolebensversicherung stellt keine Form zur Geldanlage dar, kann ihr aber begleitend zur Seite gestellt werden.

Merkmale

Lebensversicherungen sind in erster Linie – wie der Name nahe legt – Versicherungen gegen Lebensrisiken, namentlich durch Ableben. Erst in zweiter Linie dienen sie zusätzlich der Vermögensbildung, indem die Beiträge der Versicherungsnehmer so investiert werden, dass nicht nur das kalkulierte Risiko (des Ablebens/Langlebens) gedeckt ist, sondern die Erträge aus den Investments angelegt werden und über die Risikoabdeckung hinausgehende Überschüsse erzeugen können, die dem Versicherungsnehmer zugute kommen.

Davon abgezogen werden die laufenden Verwaltungskosten und die Risikokalkulationen der Versicherungsgesellschaft. Hinsichtlich einer verbraucherorientierten Kosten- und Ertragstransparenz haben sich die Versicherungen zu einer weitgehenden Einsicht in ihre Geschäftspolitik bereit erklärt. Auch die freien und unternehmensgebundenen Versicherungsberater sind neuerdings verstärkt zu größtmöglicher Objektivität, Beratungswahrheit und -klarheit gesetzlich verpflichtet (Versicherungsvermittlergesetz: VersVermG).

Kapitallebensversicherung

Als Kapitallebensversicherung bezeichnet man die Kombination eines Sparvertrages mit einer Absicherung des Todesfallrisikos. Angeboten werden die klassische sowie die fondsgebundene Variante.

- Bei der **klassischen Variante** werden die Beiträge der Versicherungskunden i.d.R. größtenteils in festverzinsliche Anleihen bester Bonität, Gewerbeimmobilien und sonstige sichere Anlageobjekte investiert. Damit wird der gesetzlichen Forderung nach Sicherheit Rechnung getragen. Die Versicherer erzielen mit der konservativen Anlagestrategie derzeit Renditen zwischen 3 und 5 % p.a. Stellt man die Vertragslaufzeiten der Lebensversicherungen von durchschnittlich über 20 Jahren ins Verhältnis zu der Renditespanne, so ist das Ergebnis der klassischen LV eher bescheiden.

- Bei der **fondsgebundenen Variante** werden die Beiträge der Versicherungsnehmer nach Abzug von Vertragsabschluss- und später laufenden Kosten sowie Risikorücklagen der Versicherung weniger konservativ, sondern mehr renditeorientiert in diverse Investmentfonds angelegt, deren Renditen sich je nach Fondsschwerpunkt und Laufzeit zwischen 3 und 5 % (Anleihen) sowie 5 und 8 % (Aktien) bewegen.

Die sogenannten Fondspolicen funktionieren also analog den Investmentfondssparplänen, lediglich mit eingebauter Ertragsbremse zugunsten der Risikoabdeckung im Todesfall.

Diese Lebensversicherungsvariante hat lange Jahre aus Renditegründen den klassischen Schwestern den Rang in der Gunst des Publikums abgelaufen. Grund war die Euphorie der Anleger in stürmischen Börsenjahren Ende der 1990er Jahre. Als dem „himmelhoch jauchzend" im März 2000 das „zu Tode betrübt" folgte, war auch das Feuer der fondsgebundenen Lebensversicherungen vorübergehend erloschen. Inzwischen macht sich ein nüchternes und rationaleres Anlegerbewusstsein bemerkbar, zumal etliche Versicherungsgesellschaften Fondspolicen anbieten, die eine risikoabfedernde Kapitalgarantie beinhalten.

Steuerliche Vorteile?

Auch ein Grund für die jahrzehntelange Erfolgsstory der Lebensversicherungen war in der Vergangenheit vor allem die steuerliche Begünstigung der Erträge. Mit der letzten Rentenreform wurde diese Begünstigung eingeschränkt. Heute sind neu abgeschlossene Kapitallebensversicherungen teilweise steuerlich begünstigt, wenn sie mindestens 12 Jahre Vertragsdauer aufweisen und die Kapitalleistung frühestens nach Vollendung des 60. Lebensjahres fällig wird (bei Vertragsabschluss ab 2012 das 62. Lebensjahr). Ist dies der Fall, müssen die Erträge nur zur Hälfte mit dem dann gültigen persönlichen Steuersatz versteuert werden. Die Todesfallleistung bleibt komplett steuerfrei, egal zu welchem Zeitpunkt die versicherte Person stirbt. Alle vor dem 31.12.2004 abgeschlossenen Verträge behalten jedoch ihre alte steuerliche Privilegierung. Seit 2009 gilt bei Verkauf einer LV innerhalb der 12-Jahresfrist die Besteuerung mit der Abgeltungssteuer

(25 % zzgl. Solidaritäts-Zuschlag u. ggf. Kirchensteuer) auf den gesamten Verkaufserlös.

Lebensversicherung als Tilgungsträger

Lebensversicherungen werden gern auch als Tilgungsträger von endfälligen Darlehen oder anderen Krediten bzw. einfach auch als Kreditsicherheiten eingesetzt. Die Abtretung der Ansprüche des Versicherungsnehmers an die Kredit gebende Bank ist einfacher und kostengünstiger als Grundschuldeintragungen. Das betrifft zwar nicht direkt unser Thema Geldanlage, indirekt allerdings schon, wenn man Beispielsweise an die Möglichkeit bei der Immobilienfinanzierung denkt (ab S. 42).

Private Rentenversicherung

Die private Rentenversicherung hat sich mit Blick auf die Altersvorsorge zu einem Klassiker bei der Geldanlage entwickelt: Mit der privaten Rentenversicherung sind Sie versorgt – egal wie alt Sie werden. Das ist bei ständig zunehmender Lebenserwartung ein nicht zu unterschätzender Gewinn, der allerdings auch von Seiten der Versicherungsgesellschaften erkannt und bei der Beitragsberechnung bzw. Rentenauszahlung berücksichtigt wird. Eine private Rentenversicherung konzentriert sich in der Hauptsache auf die Absicherung des „Langlebigkeitsrisikos" – mit dieser ebenso sachlichen wie unsensiblen Wortschöpfung bezeichnet man aus Sicht der Altersvorsorge die Wahrscheinlichkeit, nach Renteneintritt noch viele Jahre zu leben und Rente zu beziehen. Und genau darum geht es hier: die Risiken der Lebensfinanzierung zu bedenken und abzusichern.

Die private Rentenversicherung gewährt in ihrer Grundform keinen Todesfallschutz. Viele Versicherungen bieten auch eine Koppelung mit Zusatztarifen, wie z. B. Berufsunfähigkeit oder Hinterbliebenenrente bei Ableben des Rentenversicherungsnehmers an. Bei der Rentenversicherung unterscheidet man ebenfalls die Varianten „klassisch" und „fondsgebunden". Die private Absicherung einer lebenslangen Rente hat den Gesetzgeber angesichts der demografisch bedingten Probleme bei der gesetzlichen Rentenversicherung (gRV) dazu bewogen, diese Form der Versicherung zu fördern und deshalb die Riester- und Basis-Rente („Rürup-Rente") sowie die Durchführungswege der betrieblichen Altersvorsorge auf diesem Grundgedanken aufzubauen.

Steuervorteile

Die klassische und fondsgebundene private Rentenversicherung ohne staatliche Förderung profitiert in der Rentenphase von einer lukrativen steuerlichen Vergünstigung – der sogenannten Ertragsanteilsbesteuerung (siehe Tabelle). Darüber hinaus unterliegen die Erträge in der Ansparphase nicht der Abgeltungsteuer. Daher ist die Nettorendite der privaten Rentenversicherung in vielen Fällen (sehr) attraktiv.

Renteneintrittsalter	Ertragsanteil
58 Jahre	24 %
60 Jahre	22 %
62 Jahre	21 %
65 Jahre	18 %

Flexible Tarife

Ein großer Vorteil der privaten Rentenversicherung ist zudem die Flexibilität der Tarife. So kann der Sparer bei Bedarf zum Rentenbeginn auch eine Auszahlung des Gesamtvermögens erhalten. Einmalige Kapitalauszahlungen sind allerdings wie bei der Kapitallebensversicherung steuerpflichtig.

Lebensversicherungen	Chance	Risiko	Flexibilität
Kapitallebensversicherung	⬇	⬇	⬇
private Rentenversicherung	⬇	⬇	⬇
Fondsgebundene Variante	⬆	⬆	⬇

⬆ = hoch; ➡ = solide/mittel; ⬇ = gering

Fazit: Lebensversicherungen als Geldanlage

- Rentenversicherungen dienen der Erhaltung des Lebensstandards im Rentenalter und nicht wesensmäßig bzw. nur in sehr eingeschränktem Maße dem Todesfallschutz von Hinterbliebenen.

- Diese lebensstandardsichernde Funktion ist nicht hoch genug zu schätzen. Je weniger Rentenversicherungsverträge mit zusätzlichen Absicherungsleistungen gekoppelt werden, desto stärker können Ihre Beiträge der Rendite zugute kommen.

- Dabei gilt wie bei den Sparformen die bekannte Regel: Je länger die Ansparphase, desto offensiver die Anlagestrategie, desto kraftvoller der Cost-Average-Effekt und desto dynamischer der Zinseszinsfaktor!

Spareinlagen

Sparbuch

Das Sparbuch ist immer noch der Deutschen liebstes Kind. Über 80 % legen so mehr als 600 Mrd. EUR an. Verwundern muss dies schon, da das dort angelegte Geld in der Regel nur eine geringe Verzinsung bringt und nicht sofort verfügbar ist, wenn man es braucht. Warum ist das Sparbuch dennoch so verbreitet? Schon in frühen Jahren legen die meisten Eltern für ihre Kinder etwas Geld auf die Seite. Das klassische Sparbuch wird dabei als Grundstock gesehen: nicht für den täglichen Zahlungsverkehr, sondern die kurz- bis mittelfristige Geldanlage.

Merkmale

- Bei dieser Anlage kann der Sparer variable Beträge ansparen und bekommt dafür regelmäßig Zinsen gutgeschrieben.

- Ein Verlustrisiko ist in Deutschland infolge des für alle Banken verpflichtenden Einlagensicherungsfonds ausgeschlossen. Daher ist die Anlageform besonders bei sicherheitsorientierten Sparern beliebt.

- Auszahlungen sind bis zu einem Betrag von 2 000 EUR monatlich ohne Probleme möglich.

- Unkomfortabel wird es für Beträge über 2 000 EUR. Dann müssen Sie entweder eine geltende dreimonatige Kündigungsfrist oder Vorschusszinsen in Kauf nehmen.

Sparbriefe

Sparbriefe werden von Banken und natürlich von Sparkassen angeboten. Im Grunde handelt es sich dabei um eine eigene Form von Anleihen, die im Kreditgeschäft der Banken als stabile Refinanzierungsbasis dienen. Sie werden nicht wie ihre „Anleihe-Schwestern" am Kapitalmarkt zu mehr oder minder marktbeeinflussten Konditionen gehandelt, sondern ausschließlich in den emittierenden Banken den Kunden direkt angeboten. Wie auch bei anderen Anleihen ist der Kunde Gläubiger und die Bank Schuldnerin.

Merkmale

- Das Zinsniveau von Sparbriefen ist abhängig von der Laufzeit, d.h. von der Dauer, für die der Gläubiger (Sparbriefinhaber) der Schuldnerin (Bank) sein Geld zur Verfügung stellt (i. Allg. zwischen 2 und 6 Jahre, maximal 10 Jahre). Es liegt dementsprechend ca. 2 bis 3 % über dem Sparbuchzins, aber meist unter dem Niveau vergleichbarer Kapitalmarktanleihen.

- Sparbriefe eignen sich hervorragend dafür, wenn z.B. Eltern oder Großeltern ihren Kindern bzw. Enkeln eine bestimmte Summe (ab unterschiedlicher Höhe, meist 500 EUR) als längerfristig gebundenes Kapital zuwenden möchten.

- Auch beim Sparbrief ist der Sicherheitsfaktor infolge des Einlagensicherungsfonds besonders hoch.

- Der Nachteil liegt in der mangelnden bzw. durch Zinsabzug eingeschränkten Verfügbarkeit (Liquidität) dieser Form der Geldanlage.

Festgeld, Termingeld

Neben dem Sparbuch hat sich bei den sicherheitsorientierten Anlegern seit Jahrzehnten das Festgeld etabliert. Dort gibt es etwas mehr Zinsen, wenn man auf Flexibilität völlig verzichten will. Wie der Name schon sagt, ist das Geld fest angelegt. Während der Laufzeit von 30, 60 oder 90 Tagen kann darüber nicht verfügt werden. Der Wettbewerb der Kreditinstitute um Kundeneinlagen führt nun schon seit geraumer Zeit zu neuen Angeboten: Mit täglich abrufbaren Termineinlagen (Tagesgelder) – einer attraktiven Kombination aus Sicherheit, variabler Verfügbarkeit und attraktiver Verzinsung – gewinnen Banken viele Kunden hinzu. Sie sollten dabei allerdings immer prüfen, ob die Zinsen nur als kurzlebiger Lockvogel oder über einen längeren Zeitraum angeboten werden. Ebenso empfiehlt sich die Rückfrage beim jeweiligen Kreditinstitut nach einer ausreichenden Einlagensicherung, vor allem bei Filialen ausländischer Banken.

> Vergleichen Sie das aktuelle Angebot für Tagesgelder unter: www.bank-mitarbeiter.de/html/tagesgeld.html.

Sparpläne

Im Unterschied zu Sparplänen mit Investmentfonds (ab S. 49) und abgesehen vom Sparen aus vermögenswirksamen Leistungen des Arbeitgebers (vL) gelten Sparpläne der konventionellen Art als altmodisch, zumal das gegenwärtige Zinsniveau vergleichsweise wenig attraktiv zu sein scheint. Dennoch können sie ihre Berechtigung und ihren Sinn haben: Zum einen z.B. als Konto-Aufräumer, indem jeweils kurz vor dem Termin, zu dem ein Monatsgehalt dem Konto gutgeschrieben wird, der noch verbliebene positive Restsaldo automatisch von der Bank auf ein höher (als das Girokonto) verzinsliches Sparkonto umgebucht wird; zum anderen auch als „erster Schritt der Geldanlage" für Kinder und Jugendliche: für sie haben konventionelle Sparpläne einen zusätzlichen pädago-gischen Wert, wenn sie sich frühzeitig daran gewöhnen, was sie spätestens ab Berufsbeginn mit Sicherheit eigenverant-wortlich machen müssen: finanzielle Vorsorge.

Spareinlagen	Chance	Risiko	Flexibilität
Sparkonto	↓	–	↓
Festgeld	↓	–	↓
Tagesgeld	↓	–	↑
Sparplan	→	–	↓
Sparbrief	→	–	↓

↑ = hoch; → = solide/mittel; ↓ = gering

Fazit: Spareinlagen als Geldanlage

- Die Verwendungsmöglichkeiten der Spareinlagenangebote reichen vom kurzfristigen Parken bestimmter Summen auf Abruf bis hin zur nachhaltigen Vermögensgrundsteinlegung für junge Erwachsene.

- In Zeiten, in denen die Kapitalmärkte weltweit von immer neuen Krisen gebeutelt werden, besinnt sich der Kunde gerne des windstillen Hafens der Spareinlagen. Da Spareinlagen in Deutschland (wie in vielen anderen Ländern auch) von einem Sicherungsfonds der Banken und Sparkassen im Falle einer Bankinsolvenz gedeckt sind, besteht für Sie kein Verlustrisiko.

- In der Regel entstehen bei der Geldanlage in Sparprodukten der Banken und Sparkassen keine Kosten wie Kontoführungsgebühr oder ähnliches. Fragen Sie aber sicherheitshalber danach.

- Spareinlagen und Termingelder sind als eiserne Reserve Instrumente einer ausgewogenen und mit System geplanten Geldanlage. Einerseits verführt die relativ unkomplizierte Verfügbarkeit zwar dazu, das Geld für Konsumzwecke zu verwenden – aber warum eigentlich nicht?! Andererseits sollte – was leider oft der Fall ist – Spar- und Festgeld nicht übermäßig lange „vor sich hindämmern", wo doch andere mittel- bzw. langfristige Alternativen (Fondssparpläne (ab S. 51)) deutlich mehr abwerfen.

Staatlich geförderte Anlagen

Der Gesetzgeber fördert Anlageformen, um den Anleger in bestimmte Vorsorgebahnen zu lenken. Denn es liegt natürlich im Interesse des Staates, dass die Bundesbürger im Alter gut versorgt sind und die Sozialbudgets der öffentlichen Haushalte nicht belasten. Deshalb wird dieser Bereich der privaten Altersvorsorge (pAV) durch ein Bündel an staatlichen Förderungsmaßnahmen unterstützt.

Merkmale

Alle staatlich geförderten Versorgungswege funktionieren vom Prinzip her ähnlich: In der Ansparphase sind die Beiträge bis zu einem bestimmten Limit von der Einkommensteuerschuld absetzbar – dafür ist die Leistung im Rentenalter völlig oder eingeschränkt steuerpflichtig (Alterseinkünftegesetz: nachgelagerte Besteuerung). Einzig bei der Riester-Rente wird die steuerliche Förderung noch durch eine familienfreundliche Kinderzulage ergänzt. Die Förderungen des Staates sollten Sie für Ihre Altersvorsorge auf jeden Fall nutzen – auch als gut versorgter Anleger! Im Folgenden schildern wir Ihnen kurz die Möglichkeiten staatlich geförderter Vorsorgeformen. Ausführliche Informationen dazu finden Sie in unserem TaschenGuide „Sichere Altersvorsorge".

Die Riester-Rente

Die seit 2002 nach dem damaligen Bundesminister für Arbeit und Sozialordnung, Walter Riester, benannte staatlich geförderte Form der privaten Altersvorsorge ist von folgenden Eckpunkten gekennzeichnet:

- Förderungsberechtigt sind z.B. alle zur gesetzlichen Rentenversicherung (gRV) pflichtversicherten Personen, Arbeitslose, Auszubildende, Minijobber, die auf ihre Versicherungsfreiheit verzichtet haben, Beamte, Richter, Berufssoldaten und Soldaten auf Zeit. Erweitert wurde der Kreis der Förderberechtigten um Personen, die eine Rente/Versorgung wegen vollständiger Erwerbsminderung bzw. Dienstunfähigkeit beziehen. Diese Personen können Altersvorsorgebeiträge bis zu 2 100 EUR p.a. als Sonderausgaben von ihrem Einkommen steuermindernd abziehen. Zusätzlich erhalten sie in Relation zu ihren tatsächlich aufgewendeten Altersvorsorgebeiträgen eine staatliche Grundzulage bis zu 154 EUR p.a. sowie für jedes Kind, für das dem Grundzulageberechtigten Kindergeld gewährt wird, eine zusätzliche Kinderzulage in Höhe bis zu 185 EUR bzw. für jedes ab 1.1.2008 geborene Kind bis zu 300 EUR p.a. Den sog. Berufseinsteigerbonus von 200 EUR erhalten junge Sparer einmalig bis zur Vollendung des 25. Lebensjahres. Die Zulagen reduzieren sich verhältnismäßig, wenn der Zulagenberechtigte nicht den Mindesteigenbeitrag in Höhe von 4 % seines im Vorjahr bezogenen sozialversicherungspflichtigen Einkommens aufwendet.

- Eine Beitragsbefreiung ist jederzeit möglich und führt nicht zur Rückzahlung der staatlichen Förderung.

- Vorzeitiges Aussteigen aus Riester-Rentenverträgen, also Kündigung, hat hingegen den Verlust der staatlichen Vergünstigungen bzw. deren Rückabwicklung zur Folge, es sei denn, Sie verwenden das Geld für Ihre eigene Immobilie im Rahmen der Wohn-Riester-Kapitalentnahme.

- Die Riester-Rente kennt vier Durchführungswege. Zu deren gesetzlich vorgegebenen Grundausstattungen gehört, dass die Eigenbeiträge des Anlegers laufend erbracht werden, die Auszahlung der Rentenbezüge an den Bezugsberechtigten nicht vor dessen vollendetem 60. Lebensjahr (ab 2012 das 62.) und spätestens zeitgleich mit seiner gesetzlichen Rente beginnt, die Auszahlungshöhe mindestens der Summe aller eingezahlten Beiträge (zzgl. Verzinsung, abzgl. Kosten) entspricht, und schließlich die Garantie, dass daraus lebenslang gleich bleibende oder steigende monatliche Leistungen erbracht werden.

Die Anlageformen

- **Bank-Sparpläne** sind unter Renditeaspekten zwar weniger attraktiv als die folgenden Alternativen, dafür aber ist der Kapitalerhalt bereits während der gesamten Laufzeit der Beitragsphase sichergestellt, was Anlegern gegebenenfalls den vorzeitigen Ausstieg und Wechsel in eine andere Altersvorsorgeform erleichtert. Bank-Sparpläne eignen sich insbesondere bei kurzen Ansparphasen sehr gut.

- **Investmentfonds-Sparpläne** orientieren ihre Investmentstrategien im Zusammenhang mit Riester-Rentenverträgen flexibel zwischen dem Vertragsbeginn und dem Renteneintritt des Betroffenen: In der Ansparphase, die das Vermögen aufbaut, wird in Aktienfonds investiert; neigt sich die Ansparphase ihrem Ende zu, wechselt die Strategie und es wird in ruhigere Rentenfonds angelegt. Eine Sicherheit bezüglich des Kapitalerhalts besteht während der Ansparphase nicht, was einen vorzeitigen Ausstieg riskant macht (abgesehen von dem Verlust bzw. der Rückzahlung der Zulagen und Steuervergünstigungen). Generell garantiert bleibt allerdings die Mindestsumme in Höhe der eingezahlten Beiträge am Ende der Sparphase.

- **Rentenversicherungsverträge** bieten für Riester-Vorsorger drei Varianten: die klassische mit garantierter Verzinsung auf die eingezahlten Beiträge (defensiv); die fondsgebundene, mit Zuführung lediglich der klassisch erwirtschafteten Überschüsse in einen dynamischen Investmentfonds (neutral); und die hybride, mit Aufteilung der Beiträge zu einem geringeren Teil in konservative Rücklagenbildung und zu einem größeren Teil in performancestarke Investmentfonds (offensiv).

- **Wohn-Riester** (eigentlich „Eigenheimrente") beinhaltet die Einbeziehung von selbst genutzten Immobilien in die staatlich geförderte Altersvorsorge. Dies geschah rückwirkend zum 01.01.2008 (Stichtag für Anschaffung oder Herstellung der Immobilie) über die bekannte Riester-Systematik. Gefördert werden gemäß dem neuen Eigenheimrentengesetz Bausparverträge und Tilgungsleistungen auf Darlehen. Die nachgelagerte Besteuerung wird anhand eines sog. Wohnförderkontos sichergestellt. Es besteht ein einmaliges Wahlrecht zu Beginn der Auszahlungsphase zwischen einer jährlichen nachgelagerten Besteuerung (bis zum 85. Lebensjahr) und einer bevorzugten Einmalbesteuerung (70 %) des gesamten für die Immobilie geförderten Kapitals. Ferner besteht die Möglichkeit, das in einem Altersvorsorgevertrag angesparte geförderte Altersvorsorgekapital bis zu 75 % oder zu 100 % unmittelbar zu entnehmen. Die Rückzahlung des entnommenen Betrages ist nicht mehr notwendig. Mehr dazu auch im Taschen-Guide „Sichere Altersvorsorge".

Fazit: Riester-Rente als Geldanlage

- Die Riester-Rente ist für nahezu jede Person, welche die eingangs genannten Voraussetzungen erfüllt, ein empfehlenswerter Weg, die Lücken der gesetzlichen Rentenversicherung (gRV) in der Zukunft zumindest teilweise zu schließen. Riester-Verträge bieten mit den einzurechnenden Vergünstigungen eine konkurrenzlos attraktive Rendite bei individuell wählbarer, im Allgemeinen gut überschaubarer Risikostruktur.

- Die Rendite ist unschlagbar und je nach Anzahl der Kinder bzw. Höhe des Einkommens beteiligt sich der Staat an der Sparrate mit einer Quote zwischen 30 % und 90 %. Sehen Sie selbst, welchen Anteil des Gesamtbeitrages der Staat für die Familie übernimmt (siehe Tabelle auf der nächsten Seite).

Ein-kommen	Gesamt-Beitrag	Grund-zulage	Kinder-zulage[1]	Eigen-aufwand	Rendite nach Steuern	Förder-quote
15 000	738	308	370	60[3]	7,3 %	91,9 %
20 000	800	308	370	122	5,9 %	84,7 %
25 000	1 000	308	370	322	5,1 %	67,8 %
30 000	1 200	308	370	522	4,9 %	56,5 %
40 000	1 600	308	370	922	4,7 %	42,4 %
50 000	2 000	308	370	1 322	4,6 %	33,9 %
75 000	2 100[2]	308	370	1 344	4,7 %	36,0 %

Angaben in EUR/Jahr; [1] Zwei Kinder vor 2008 geboren;
[2] Max. Festbetrag; [3] Sockelbetrag

Übersicht: Renditen bei Riester-Rente

Die Basis-Rente („Rürup-Rente")

Diese Form der privaten Altersvorsorge, die mit dem Namen des ehemaligen Regierungsberaters Prof. Bert Rürup in Zusammenhang gebracht wird, wendet sich in erster Linie (nicht ausschließlich!) an Selbstständige, die infolge fehlender gesetzlicher Rentenversicherung und analoger Voraussetzungen nicht „Riester-förderfähig" sind.

- In der Struktur der Kapitalanlage entspricht sie der privaten Rentenversicherung und ihren Varianten.

- Ein Vorteil liegt auch in der zielgruppenorientierten Flexibilität von Einmal- oder variablen Einzahlungen.

- Der besondere Kick der Basis-Rente aber ist folgender: Die Höchstgrenze der gesamten Altersvorsorgeaufwendungen liegt bei 20 000 EUR pro Jahr; bei Verheirateten das Doppelte. Davon steuerlich abziehbar ist ein prozentualer Anteil, der im Jahr 2005 mit einem Prozentsatz von 60 % begann und bis 2025 jährlich um 2 %-Punkte auf 100 % ansteigt (74 % in 2012).

- Die nachgelagerte Besteuerung der Rentenauszahlungen (Alterseinkünftegesetz) – und bei der Basis-Rente, gibt es ausschließlich die Bezugsform der lebenslangen Rentenauszahlungen (kein Wahlrecht auf Kapitalauszahlung) – wird sukzessive von 64 % im Jahr 2012 bis zu 100 % in 2040 angehoben. Wer beispielsweise im Jahr 2012 in Rente geht, behält allerdings seinen dann gültigen steuerpflichtigen Anteil von 64 % für den Rest seiner Rentenbezugszeit.

Fazit: Basis-Rente als Geldanlage

- Die Basis-Rente ist aufgrund ihrer steuerlichen Dimension besonders für Personen geeignet, die mit einer hohen Steuerprogression belastet sind.

- Daneben eignet sie sich für Personen, die nur noch wenige Jahre bis zu ihrem Renteneintritt vor sich haben und mit einer Einmalzahlung beispielsweise aus aufgelösten Ersparnissen, Anlageumschichtungen oder evtl. bereits fällig gewordenen Vorsorgeprodukten ihr Alterseinkommen nach relativ wenigen Jahren noch einmal aufbessern möchten.

Die betriebliche Altersvorsorge (bAV)

Unter diesem Oberbegriff lassen sich rund fünf unterschiedliche AV-Maßnahmen zusammenfassen, die in direktem und indirektem Zusammenhang mit der Lohn- und Gehaltsauszahlung stehen; sie betreffen somit die in Angestelltenverhältnissen stehenden Arbeitnehmer inkl. geschäftsführende Gesellschafter von GmbHs.

- Die bAV bietet nicht nur für Arbeitnehmer vorteilhafte Formen der privaten Altersvorsorge, sondern kann auch für Arbeitgeber (steuerlich) interessant sein, weshalb grundsätzlich zwischen arbeitnehmer- und arbeitgeberfinanzierten Modellen unterschieden werden muss.

- Die richtige Auswahl aus den Varianten der bAV soll hier nicht im Einzelnen erörtert werden, da sie einerseits ausführlich im TaschenGuide „Sichere Altersvorsorge" behandelt wird, andererseits aber aufgrund ihrer Komplexität in jedem Fall einer eingehenden Beratung durch bAV-geschulte Spezialisten bedarf.

Fazit: Betriebliches Altersvorsorge als Geldanlage

- Auch ohne vertiefende Erörterung der einzelnen bAV-Modelle kann als Fazit festgehalten werden, dass diese Form der Altersvorsorge zunehmend Gewicht bekommen wird und muss (wie beispielsweise in der Schweiz). Die Gesellschaft (nicht nur) in Deutschland ist eine Erwerbsgesellschaft, weshalb auch der Lebensstandard der Einzelnen daraus abgeleitet werden muss.

- Die bAV könnte und sollte zu einem Gütesiegel der Unternehmen und insgesamt zum Markenzeichen des Unternehmensstandortes Deutschland werden

Zertifikate

Zertifikate sind Kombinationen von (Bank-)Schuldverschreibungen (= Anleihen) mit ihnen zugrunde liegenden Basiswerten (i.d.R. Aktien / Aktienindizes, Rohstoffe / Rohstoffindizes) und Derivaten (= Termingeschäfte auf die Basiswerte).

Der Emittent der Schuldverschreibung (Bank) verpflichtet sich gegenüber dem Anleger, das investierte Geld zu bestimmten Konditionen zurückzuzahlen. Der Anleger investiert dabei direkt in die Schuldverschreibung und nur indirekt und in einem bestimmten Bezugsverhältnis in die unterlegten Basiswerte. Das Bezugsverhältnis setzt den Preis einer Werteinheit des Basisinvestments, z.B. DAX, ins Verhältnis zum realen Wert des DAX an einem bestimmten Datum. Die Ertrags- wie auch die Verlustchancen dieser Konstruktion liegen zusätzlich in der sogenannten Hebelwirkung der Derivate, die den erwarteten Preis des Basiswertes in der Zukunft verstärkend widerspiegelt.

Dem Variantenreichtum der Zertifikate sind nahezu keine Grenzen gesetzt, was die extreme Wachstumsrate dieser Geldanlageformen in den letzten Jahren erklärt.

Merkmale

- Da es sich bei Zertifikaten für den Anleger grundsätzlich um Schuldverschreibungen (der Banken) handelt, stellt das investierte Anlegerkapital auch kein Sondervermögen dar, das vor möglicher Insolvenz der Emittentin schützt (wie bei den Investmentfonds die Fondssondervermögen). Stattdessen hängt die Sicherheit der Zertifikate unmittelbar von der Bonität der Emissionsbank ab.

- Die Laufzeiten der Schuldverschreibungen sind entweder begrenzt oder fortlaufend (rolling bzw. open end).

  Zertifikate können Sie per Einmalzahlung oder mittels eines laufenden Sparplans erwerben.

- Sie werden ähnlich wie Aktien in bestimmten Segmenten an der Börse gehandelt; die führende Zertifikatebörse Deutschlands ist in Stuttgart.

> Beim Zertifikat sollten Sie nicht nur darauf achten, welches Konstrukt zugrunde gelegt wurde, sondern auch, wer das Zertifikat herausgegeben hat. Denn die schönsten Renditeversprechen helfen nichts, wenn der Herausgeber Ihr investiertes Geld nicht zurückzahlen kann (s. Pleite der Lehman-Bank 2008). Lassen Sie sich deshalb unbedingt von ausgewiesenen Experten beraten.

Arten von Zertifikaten

Wir beschränken uns hier auf die drei wichtigsten und grundtypischen Kategorien, die Ihnen einen ersten Einblick in die bunte Welt der Zertifikate geben.

Index-Zertifikate

Bei einem Index-Zertifikat liegt der Schuldverschreibung als Basiswert ein Aktienindex zugrunde. Es sollte darauf geachtet werden, ob es sich dabei um einen Performance-Index handelt, der in seiner Wertentwicklung auch die Dividendenzahlungen der enthaltenen AGs berücksichtigt, oder um einen Kurs- oder Preisindex, bei dem dies nicht der Fall ist. Jedoch fällt die Preisspanne zwischen An-. und Verkauf beim Letzteren etwas geringer aus als bei dem performanceschöneren Index-Bruder.

Angenehmer als zeitlich begrenzte Index-Zertifikate sind solche mit „open end", weil sie den Inhaber angesichts der Indexschwankungen weniger bis gar nicht unter Zeitdruck setzen. Denn während der Laufzeit macht das Index-Zertifikat die Kursbewegungen des zugrunde liegenden Index mit. Existiert ein Laufzeitende, so wird ein entsprechend ergebnisoffener Betrag ausgezahlt. Im anderen Fall verkauft der Anleger sein Zertifikat zu dem für ihn am günstigsten Zeitpunkt.

Beispiel:

Hans Maier hat am 8.11.2011 ein Index-Zertifikat auf den DAX mit einem Bezugsverhältnis von 1:100 gekauft. Der DAX stand an diesem Tag bei 6 030 Punkten, sodass Herr Maier das Zertifikat für 60,30 EUR kaufen konnte. Steigt der DAX nun auf 6500 Punkte, so steigt auch der Kurs des Index-Zertifikates auf 65,00 EUR. Die Wirkung geht jedoch auch in die andere Richtung: Fällt der DAX, so gibt das Zertifikat analog nach.

Discount-Zertifikate

Ein Discount-Zertifikat ermöglicht es, von moderat (positiv wie negativ) und stagnierend verlaufenden Aktienkursen zu profitieren. Die Besonderheit liegt darin, dass bei der Emission des Zertifikates ein Preisabschlag (Discount) auf den Kurs des Basisinstrumentes (Aktie/Aktienindex) zugrunde liegt. Im Gegenzug ist die Gewinnchance durch eine Wertobergrenze (Cap) des Basisinvestments „gedeckelt". Sofern der Kurs des Basiswerts diese Obergrenze überschreitet, steht dem Anleger lediglich der Gegenwert der Obergrenze zu. Für Anleger mit gedämpften Markterwartungen sind Discount-Zertifikate interessant, weil der Einstieg günstiger ist als direkt an der Börse.

Beispiel:

Hans Maier erwirbt am 8.11.2011 ein Discount-Zertifikat auf den DAX mit einem Discount von 10 %, einer Wertobergrenze (Cap) bei 6 500 DAX-Punkten und einem Bezugsverhältnis von 1:100. Der DAX hatte an diesem Tag 6 030 Punkte. Herr Meyer zahlt demnach für das Zertifikat 54,27 EUR (90 % von 60,30 EUR). Steigt der DAX auf 6 600 Punkte, so partizipiert Herr Maier zwar an der positiven Kursentwicklung, jedoch nur bis zur Obergrenze von 6 500 DAX-Punkten. Der Wert des Zertifikats beträgt also maximal 65,00 EUR. Dennoch hat sich der Erwerb des Discount-Zertifikats für Herrn Maier gelohnt, da er für seine eingesetzten 54,27 EUR 65,00 EUR zurückbekommt, was einer Wertsteigerung von 19,77 % entspricht. In der gleichen Zeit hätte ein gewöhnliches Index-Zertifikat eine Wertsteigerung von lediglich 7,79 % erreicht.

Garantie-Zertifikate

Bei Garantie-Zertifikaten wird, wie der Name schon sagt, ein bestimmter Betrag zur Fälligkeit garantiert. Diese Garantie kostet natürlich etwas, d. h. man muss einen Teil der erzielten Rendite dafür abgeben. Mit Garantie-Zertifikaten lässt sich die bis auf 100 % steigende Sicherheit auf das eingesetzte Kapital mit einer entsprechend nach unten angepassten Beteiligung an den Renditechancen kombinieren (je mehr Sicherheit, desto weniger Rendite). Deshalb sind solche Zertifikate besonders beliebt bei Anlegern, die sich zunächst vorsichtig und in kleinen Schritten den Aktienbörsen nähern wollen, sowie bei Investoren, die grundsätzlich Aktienengagements zwar positiv sehen, allerdings eine Kurskorrektur an den Aktienmärkten erwarten und sich dagegen absichern möchten.

Beispiel:

Hans Maier erwirbt am 8.11.2011 ein Garantie-Zertifikat mit einem Bezugsverhältnis von 1:100 und einem garantierten Absicherungslevel von 100 %, d.h. er wird auf jeden Fall beim Verkauf seines Zertifikats zum Fälligkeitstermin 60,30 EUR zurückerhalten, auch wenn der DAX unter 6 030 Punkte fällt. Steigt aber der DAX auf 6 500 Punkte, so steigt auch der Wert des Garantie-Zertifikats. Ob aber die Wertsteigerung genauso hoch ausfällt wie die DAX-Performance, hängt davon ab, wie sich der Anbieter den Sicherungspuffer vergüten lässt. Häufig geschieht dies durch eine Absenkung der Partizipationsquote auf unter 1, sodass Herr Maier für den Verkauf des Garantie-Zertifikats weniger als 65 EUR erhält.

Vor- und Nachteile

Zertifikate	Chance	Risiko	Flexibilität
Index-Zertifikat	⬆	⬆	⬆
Discount-Zertifikate	⬆	⬆	➡
Garantie-Zertifikate	⬆	⬇	⬇

⬆ = hoch; ➡ = solide/mittel; ⬇ = gering

Der Reiz von Zertifikaten liegt darin, dass sie auch für einen relativ geringen Kapitaleinsatz interessante Variationen an Gewinnchancen bei unterschiedlich ausgestalteten Sicherheitskonstruktionen bieten. Mit den hierbei oft zu Übertreibung neigenden Erwartungen unkritischer Anleger tut sich die nachteilige Perspektive auf: Viele Zertifikate sind mittlerweile so komplex strukturiert, dass der Anleger nicht mehr durchblickt und insbesondere die in den Konstrukten teils recht hohen versteckten Kosten nicht findet.

Fazit: Zertifikate als Geldanlage

- Zertifikate muss man sich genau ansehen – insbesondere im Hinblick auf die Frage, was man mit dieser Geldanlage und in welchem Zeitrahmen erreichen will. Wir verstehen Zertifikate als Beimischung zu anderen Anlagekategorien wie Anleihen, Aktien, Immobilien und Investmentfonds.

- Inzwischen sind (open end bzw. rolling) Zertifikate und Zertifikatefonds auch als Instrumente der langfristig ausgerichteten Altersvorsorge im Gespräch. Wenn sie nicht als Basis-Altersvorsorge verwendet werden, sondern als Ergänzungen zur staatlich geförderten Altersvorsorge – warum nicht?

- Besonderes Augenmerk sollte vor Anlage in Zertifikate auf die Bonitätsprüfung der jeweiligen Emittenten gelegt werden („Emittentenrisiko").

Was Sie steuerlich beachten müssen

Wie Ihre private Geldanlage steuerlich behandelt wird, hängt von der jeweiligen Anlageform ab – und mit der Einführung der neuen Abgeltungssteuer vom Zeitpunkt, zu dem Sie die Geldanlage erwerben.

In diesem Kapitel lesen Sie

- was die neue Abgeltungsteuer für Ihre Geldanlage bedeutet und
- welche Konsequenzen Sie aus der steuerlichen Neuregelung ziehen können.

Besteuerung bis 2008

Das bis zum Veranlagungsjahr 2008 geltende Recht sieht vor, Einnahmen aus privaten Geldanlagen in zwei Gruppen einzuteilen: die der laufenden Einnahmen (Einnahmen aus Kapitalvermögen) und jene der Gewinne bzw. Verluste aus der Veräußerung der Anlage (Gewinne aus privaten Veräußerungsgeschäften). In beiden Fällen waren die steuerpflichtigen Einkünfte in der Einkommensteuererklärung anzugeben.

Gewinne aus privaten Veräußerungen

Ein bei Veräußerung der Geldanlage entstehender Gewinn unterliegt nicht der Einkommensteuer, wenn der Verkauf nach der Spekulationsfrist von einem Jahr erfolgt. Dies gilt für alle Wertpapiere, die bis einschließlich 2008 erworben wurden, das heißt, bei allen Wertpapieren, die vor dem 1.1.2009 gekauft wurden und noch im Depot sind, bleiben Veräußerungsgewinne steuerfrei.

Die Abgeltungsteuer

Zum 1.1.2009 wurde die Besteuerung von laufenden Kapitalerträgen, insbesondere Zinsen und Dividenden, und von Veräußerungsgewinnen auf Kapitalanlagen reformiert: mit der Einführung der Abgeltungsteuer. Beide Arten von Einnahmen werden seitdem in einer Gruppe zusammengefasst.

Was ist die Abgeltungsteuer?

Die Steuer wird mit einem feststehenden Satz von 25 % erhoben, unabhängig vom persönlichen Einkommensteuersatz des Anlegers, und sie wird dort fällig, wo sie entsteht: Sie wird direkt vom Kreditinstitut abgeführt. Daher der Name „Abgeltungsteuer". Damit ist die auf Kapitalerträge entfallende Steuer abgegolten, eine Berücksichtigung in der Steuererklärung ist nicht notwendig.

- Laufende Kapitalerträge (z.B. Zinsen und Dividenden) und Veräußerungsgewinne von Kapitalanlagen unterliegen in voller Höhe der Abgeltungsteuer.

- Sie gilt nicht für Gewinne aus privaten Immobiliengeschäften sowie bei Lebensversicherungen, mit einer Ausnahme für Letztere: Wird die Versicherungsleistung vor Vollendung des 60. Lebensjahres (bei Abschluss ab 2012 des 62. Lebensjahres) oder vor Ablauf von 12 Jahren seit dem Vertragsabschluss ausgezahlt, unterliegt der Verkauf ab 2009 der Abgeltungsteuer.

Die Abgeltungsteuer gilt nur für jene Kapitalanlagen, die seit dem 01.01.2009 angeschafft wurden. Bei den bis dahin erworbenen bleiben die früheren Regelungen (bis 31.12.2008) hinsichtlich eines Veräußerungsgewinns oder Verlustes unverändert bestehen.

Änderungen durch die Abgeltungsteuer		
Merkmal	**ab 1.1.2009**	**bis 31.12.2008**
Einzug	vom Schuldner direkt ans Finanzamt; ab einem ESt-Satz von 25 %: nicht in der ESt-Erklärung anzugeben	Ausweisung in der ESt-Erklärung
Steuersatz Höhe	25 % pauschal	persönlicher ESt-Satz
Werbungs-kosten	nicht abziehbar	voll bzw. teilweise abziehbar
Freibeträge	Sparer-Pauschbetrag: 801 EUR/1 602 EUR	Sparerfreibetrag: 750 EUR/1 500 EUR
Spekula-tionsfrist	Keine	1 Jahr
Veräuße-rungsge-winne	Steuerpflichtig ohne Frist	nicht steuerpflichtig (nach 1 Jahr)
Dividenden	komplett steuerpflich-tig mit ASt-Satz 25 %	zur Hälfte steuer-pflichtig mit ESt-Satz

Auswirkungen der Änderungen im Detail

- **Änderung:** Laufende Kapitalerträge und die Veräußerungs-gewinne auf Kapitalanlagen unterliegen in voller Höhe der Abgeltungsteuer. Das Halbeinkünfteverfahren für Dividen-den und Veräußerungsgewinne auf Aktien entfällt.

Die Folgen: Als Inhaber von Zinspapieren, also Anleihen und Sparguthaben, sinkt Ihre steuerliche Belastung, sofern Ihr Einkommen mit einem Grenzsteuersatz von über 25 % (zzgl. SolZ und ggf. Kirchensteuer) besteuert wird. Als Inhaber von Dividendenpapieren, also Aktien, erhöht sich Ihre steuerliche Belastung durch den Wegfall des Halbeinkünfteverfahrens.

- **Änderung:** Die Abgeltungsteuer beträgt 25 % der Einnahmen. Hinzu kommen Solidaritätszuschlag und ggf. Kirchensteuer, sodass die Steuerlast auf knapp 28 % steigen kann.

  Die Folgen: Ob das ein Vor- oder Nachteil ist, hängt von Ihrem Einkommensteuersatz und von Ihren Anlagepräferenzen ab: Aktien oder Anleihen. In den Fällen, in denen die Abgeltungsteuer Ihre Kapitalerträge erfasst, erhöhen diese auch nicht Ihr zu versteuerndes Einkommen. Das kann sich auf Ihre Steuerprogression günstig auswirken.

- **Änderung:** Die Abgeltungsteuer wird vom Schuldner der Kapitalerträge bzw. Veräußerungsgewinne (Kreditinstitut, Aktien-, Versicherungsgesellschaft etc.) abgezogen und direkt an das Finanzamt abgeführt. Die Abgeltungsteuer wird nicht auf die Einkommensteuer angerechnet.

  Die Folgen: Wenn Sie keine sonstigen Kapitalerträge haben, die ggf. eine individuelle Einkommenbesteuerung erforderlich machen, sind Sie von der Arbeit der Steuererklärung für diese Einkommensart befreit.

- **Änderung:** Der Abzug tatsächlicher Werbungskosten ist nicht mehr möglich. Der Sparer-Freibetrag und der Werbungskosten-Pauschbetrag werden durch einen Sparer-

Pauschbetrag in Höhe von 801 EUR (bei Zusammenveranlagung von Ehegatten: 1 602 EUR) ersetzt.

Die Folgen: Das ist ein klarer Nachteil für Sie, denn während vor 2009 auch höhere Werbungskosten als der Pauschbetrag angesetzt werden konnten, ist ab 2009 kein höherer Ansatz von Werbungskosten mehr möglich. In der Regel werden höhere Einnahmen als bisher besteuert.

- **Änderung:** Unterschreitet der persönliche Einkommensteuersatz 25 %, dürfen die Einkünfte in der Einkommensteuererklärung angegeben und die Abgeltungsteuer auf die Einkommensteuer angerechnet werden (Veranlagungswahlrecht).

Die Folgen: Dies ist ein Vorteil für geringer verdienende Anleger. Beträgt Ihr Einkommensteuersatz also unter 25 %, sollten sie dies auf jeden Fall nutzen.

- **Änderung:** Verluste aus laufenden Kapitalerträgen und Veräußerungsverluste dürfen nur noch mit entsprechenden Gewinnen aus dem Verlustentstehungsjahr oder künftigen Jahren verrechnet werden. Eine Saldierung mit anderen Einkünften sowie ein Rücktrag auf das Vorjahr entfallen. Spekulationsverluste, die vor dem 1.1.2009 entstehen, dürfen bis 2013 mit nach 31.12.2008 entstehenden Veräußerungsgewinnen verrechnet werden. Um Haushaltsrisiken vorzubeugen, hat die Bundesregierung die Verlustverrechnung von Aktien stark eingeschränkt. Aktienverluste dürfen nur mit Aktiengewinnen verrechnet werden.

Die Folgen: Das ist eine krasse Verschlechterung gegenüber der Situation vor der Abgeltungsteuer.

- **Änderung:** Die bisherige sogenannte Spekulationsfrist von einem Jahr entfällt ersatzlos. Für Zertifikate besteht eine Übergangsregelung: Zertifikate, die nach dem 14.3.2007 erworben und nach dem 30.6.2009 verkauft werden, sind unabhängig von der Besitzdauer steuerpflichtig.

  Die Folgen: Das ist eine weitere Verschlechterung, denn Sie müssen Kursgewinne fristenlos versteuern. Es kann jedoch auch ein Vorteil sein, denn andererseits hindern Sie keine steuerlichen Bedenken mehr daran, schneller und gegebenenfalls gerade noch rechtzeitig Kasse zu machen. Des einen Freud – des anderen Leid!

So gehen Sie mit der Abgeltungsteuer um

Bevor Sie sich nun nach Steuersparmodellen umsehen, sollten Sie sich zunächst einmal nicht den Blick auf die entscheidenden Kriterien der Geldanlage verstellen lassen: Rendite, Sicherheit, Verfügbarkeit.

> Jede Neuanlage seit 2009 unterliegt der Abgeltungsteuer. Es wäre allerdings geradezu fatal, sich dadurch von neuen Geldanlagen abhalten zu lassen!

Bestehende Anlagen

- Geldanlagen, die vor dem 1.1.2009 getätigt wurden und länger als ein Jahr im Besitz des Anlegers bleiben, behalten als Altbestände auch weiterhin die bisherige steuerliche

Behandlung (Bestandschutz). Strukturieren Sie Ihr Depot daher so, dass solche Wertpapiere, die Sie als Langfristanlage betrachten, in jedem Fall diesen Schutz behalten.

- Aufgepasst bei Zertifikaten: Veräußerungserlöse von *Garantie*-Zertifikaten unterlagen bis 2009 dem individuellen Einkommensteuersatz, ab 2009 der Abgeltungsteuer; d.h. die Situation verbesserte sich. Veräußerungserlöse von *Index-*, *Bonus-*, oder *Discount*-Zertifikaten unterlagen bis 2009 außerhalb der Spekulationsfrist keiner Besteuerung, bei Kauf nach dem 31.12.2008 der Abgeltungsteuer, die Situation verschlechterte sich also. Zertifikate, die schon vor dem 15.3.2007 gekauft wurden, genießen bei ihrer Veräußerung nach der Spekulationsfrist den vollen Altbestandschutz.

- Gerade bei Fondssparplänen auf ein Unterkonto bzw. -depot achten, um die FIFO-Regelung zu umgehen. Diese besagt nämlich, dass bei einem Verkauf von Fondsanteilen nach dem 31.12.08 diejenigen als zuerst veräußert („first out") zu gelten haben, welche auch als zuerst gekauft („first in") gelten. Um nun leichter nachweisen zu können, welche Fondsanteile bei einem Verkauf „first in"-Anteile sind, mithin vor dem 31.12.2008 gekauft worden waren und dem Altbestandschutz unterliegen, ist es zweckmäßig, die vor dem 31.12.2008 gekauften Anteile auf ein gesondertes Depot einzubuchen. Dazu ist es nie zu spät, d.h. dies macht auch zukünftig Sinn. Es gilt jedoch: je früher desto besser.

Tipps für Neuanlagen

- Wählen Sie solche Anlageformen, die einen völligen Schutz vor der Abgeltungsteuer bieten: Lebens- oder Rentenversicherungen und staatlich geförderte private Altersvorsorgeprodukte.

- Lassen Sie sich nicht davon abhalten, in Aktien und Aktienfonds direkt zu investieren. Trotz der Renditeschmälerung durch den Entzug des Halbeinkünfteverfahrens und der steuerbefreienden Spekulationsfrist haben Aktien und Aktienfonds auch in Zukunft langfristig das höchste Renditepotenzial, wie die Vergangenheit gezeigt hat.

Vor- und Nachteile der Abgeltungsteuer für private Geldanleger

Wer profitiert?

- Anleger mit einem hohen Einkommensteuersatz über 25 %: Wer Zinserträge bisher mit einem persönlichen Steuersatz von maximal 47 Prozent versteuern musste, für den sind es seit 2009 nur noch 28 Prozent.

- Anleger, die ihre Finanzplanung und insbesondere Altersvorsorge mit einer Lebens- oder Rentenversicherung bzw. mit einer staatlich geförderten privaten Altersvorsorge (Riester / Rürup, bAV) kombinieren: Sie sind durch diese Mantellösungen von der Abgeltungsteuer geschützt.

Wer hat Nachteile?

- Langfristig orientierte Anleger, die Aktiengewinne realisieren möchten bzw. mit puren Aktienfonds-Sparplänen ihr Vermögen oder ihre Altersvorsorge aufbauen wollen. Sie zahlen auf Dividenden mehr Steuern als bisher und die Veräußerungsgewinne sind nach einem Jahr auch nicht mehr steuerfrei!

- Anleger, die ihre Investments auch fremd finanzieren und bisher die Kreditzinsen von den Kapitalerträgen steuermindernd abziehen konnten.

- Alle Sparer, die Geld für den späteren Ruhestand ansparen, und dabei auf einen schützenden Mantel verzichten.

Welche Geldanlage passt zu Ihnen?

In diesem Kapitel lesen Sie, welche der Geldanlagen für Sie in welcher Lebenssituation in Frage kommen. Das befreit Sie natürlich nicht von dem persönlichen Beratungsgespräch; aber es erleichtert Ihnen die Vorbereitung darauf, wenn Sie sich in den folgenden Zielgruppen wiederfinden:

- Junge Erwachsene,
- Singles,
- Doppelverdiener ohne Kinder,
- Familien,
- Frauen,
- Senioren,
- Selbstständige.

Junge Erwachsene

Mit Beginn der Ausbildung haben sich die ersten größeren Wünsche eingestellt. Die kleineren Wünsche wie z.B. der Handyvertrag oder das Abo der Lieblingszeitschrift kehren jeden Monat wieder und können aus dem laufenden Einkommen bezahlt werden. Wie sieht es aber mit den größeren Wünschen aus: die ersten eigenen Möbel für die Wohnung, der Urlaub oder das eigene Auto? Darauf sollte gespart werden. Je nach Höhe der Anschaffung sollten der Ansparbetrag und die dafür benötigte Zeit durchdacht und geplant werden. Da viele Wünsche wahrscheinlich möglichst bald erfüllt werden sollen, trifft hierfür am ehesten das kurzfristige Sparen zu. Eines darf bei allen aktuellen Anschaffungen aber nicht außer Acht gelassen werden: Ihre Altersvorsorge! Als junger Anleger haben Sie gerade jetzt einen großen Vorteil – nämlich viel Zeit. Durch diesen Zeitfaktor kann auch mit kleinen Sparraten ein beachtliches Vermögen bis zum Rentenbeginn angespart werden.

Ihr Geldanlage-Fahrplan

40 %	**40 %**	**20 %**
kurzfristig:	**mittelfristig:**	**lang fristig:**
Spareinlagen, Festgeld	Bank-/Fonds-Sparpläne	Riester

So gehen Sie vor

1 Wenn Ihre persönlichen Risiken, wie Krankheit, Unfall, Berufsunfähigkeit u.ä. abgesichert sind, sollten Sie sich im ersten Schritt um den Aufbau Ihres Notgroschens kümmern, in Höhe von zwei bis drei Monatsgehältern. Dazu wenden Sie sich an Ihre Hausbank oder an Online-Banken. Dieser Betrag sollte Ihnen jederzeit zur Verfügung stehen und dient der Überbrückung von unvorhergesehenen Investitionen, z.B. der ungeplanten Reparatur Ihres Autos o.ä. Die Summe kann z.B. in Form von Tagesgeld angelegt sein. Müssen Sie dann tatsächlich auf dieses Geld zurückgreifen, sollte diese finanzielle Reserve so schnell als möglich von neuem angespart werden.

2 Ihre Wünsche liegen vor allem im kurzfristigen Bereich. Dabei ist es wichtig, zielorientiert zu sparen, um das notwendige Kapital zum gewünschten Zeitpunkt zur Verfügung zu haben. In diesem Fall ist es sinnvoll, in eine sichere Anlageform zu investieren, auch wenn Sie sonst ein risikobereiter Anleger sind. Banksparpläne mit den entsprechenden Laufzeiten sind daher eine zweckmäßige Lösung. Stehen auf absehbare Zeit besondere Anschaffungen an oder möchten Sie einfach nur Kapital aufbauen, ist ein Banksparplan mit fester Laufzeit zweckmäßig, für den längerfristigen Kapitalaufbau kommt auch ein flexibler Investmentfonds-Sparvertrag in Betracht.

Generell gilt für Sie, dass die Zeit auf Ihrer Seite ist: Dies erlaubt Ihnen, auch wenn Sie eine geringe Risikoneigung verspüren, für mittel- bis langfristige Ziele mit renditestarken Produkten Vermögen aufzubauen: Denken Sie an die Kombination von Zinseszinsfaktor und Cost-Average-Effekt (ab S. 56).

3   Wofür auf alle Fälle etwas übrig bleiben muss ist Ihre Altersvorsorge. Jedes Jahr ohne Riester-Rentenvertrag verschenken Sie bares Geld. Kümmern Sie sich also zeitnah um den Abschluss Ihrer Riester-Rente.

Welche Produkte sind geeignet?

	sicherheitsorientiert	ertragsorientiert	chancenorientiert
Aktien	■	■	■■
Anleihen	■	■	■
Bausparvertrag	■	■	
Beteiligungen			
Gold & Rohstoffe		■	■
Immobilien			
Investmentfonds	■■	■■	■■
Sparvertrag und Festgeld	■■	■	
Staatlich geförderte Anlagen	Riester	Riester	Riester
Rentenversicherungen	■■	■	■
Zertifikate		■	■

■■ = sehr empfehlenswert; ■ = kann zur Ergänzung sinnvoll sein
Kein Punkt = nicht empfehlenswert oder nicht möglich

Singles

Singles sind unabhängig und hauptsächlich für sich alleine verantwortlich; sie können ihre Ziele und Wünsche frei gestalten. Diese Unabhängigkeit ermöglicht es ihnen, in der Freizeit aktiver zu sein. Sei es der neue Tennisschläger oder ein Kurztrip nach London – solche Ausgaben deckt häufig schon das laufende Einkommen. Auf größere Vorhaben muss gespart werden, etwa regelmäßig wiederkehrende Wünsche, wie z.B. Urlaube, oder einmalige Wünsche wie die Dolby-Surround-Anlage. Für diese Anschaffungen dient die Finanzplanung für kurzfristige Ziele. Gerade als Single ist es auch wichtig, sich um den Vermögensaufbau zu kümmern. Sparen Sie z.B. auf eine eigene Wohnung? Oder möchten Sie Ihr bereits vorhandenes Kapital einfach nur gewinnbringend anlegen? Dann fällt diese Investition unter die Rubrik Finanzplanung für langfristige Ziele. Und auch der Lebensstandard im Alter ist ein langfristiges Ziel, sollte aber separat gesehen werden. Da im Zweifel im Alter mit keiner Unterstützung durch Dritte gerechnet werden kann, muss entsprechend vorgesorgt werden.

Ihr Geldanlage-Fahrplan

20 %
kurzfristig:
Sparein-
lagen

40 %
mittelfristig:
Bank-/Fonds-
Sparpläne

40 %
langfristig:
Riester

So gehen Sie vor

1   Sie alleine sind für Ihre Geldanlagen verantwortlich – und Ihre Finanzplanung beruht nur auf Ihrem Einkommen. Daher ist es unerlässlich, dass – vor allem anderen – Ihr Berufsunfähigkeitsrisiko abgesichert ist.

2   Dann können Sie an die Geldanlage denken. Um sorgenfrei Ihren Aktivitäten nachgehen zu können, ist es sinnvoll immer einen Betrag von mindestens drei Monatsgehältern auf der Seite zu haben. Dieses Geld sollte nicht benötigt werden, aber dennoch jederzeit für Unvorhergesehenes zur Verfügung stehen. Es kann z. B. als Tagesgeld angelegt sein. Müssen Sie darauf zurückgreifen, sollte das entnommene Kapital zeitnah wieder aufgestockt werden.

3   Sind die Grundvoraussetzungen geschaffen, sollten Sie – je nach dem welcher Betrag Ihnen monatlich zur Verfügung steht – den kurz- und langfristigen Aufbau Ihres Vermögens planen. Gehen Sie immer von Ihren Zielen und Wünschen aus und legen Sie danach die Laufzeiten und die Form der Geldanlage fest.

4   Bei den kurzfristigen Investitionen soll Ihnen das Geld zu einem bestimmten Zeitpunkt in einer bestimmten Höhe zur Verfügung stehen. Um dies zu gewährleisten – ganz gleich ob Vermögensaufbau oder auch Kapitalanlage, – ist es sinnvoll, sichere Geldanlagen wie z. B. Banksparverträge oder ein Festgeld zu wählen, da – unabhängig davon wie risikobereit Sie sind – die kurzen Laufzeiten eventuelle Kursschwankungen nicht ausgleichen können.

5 Den nächsten wichtigen Schritt bildet Ihre Altersvorsorge. Da Sie im Alter im Zweifel niemanden haben, der für Sie sorgt, ist eine gesicherte Altersvorsorge Grundvoraussetzung, um entspannt an den Ruhestand denken zu können. Setzen Sie sich also mit Ihrem Bank- oder Versicherungsberater zusammen, um zumindest einen Riester-Rentenvertrag abzuschließen.

Welche Produkte sind geeignet?

	sicherheitsorientiert	Ertragsorientiert	chancenorientiert
Aktien	■	■	■■
Anleihen	■	■	■
Bausparvertrag	■		
Beteiligungen			
Gold & Rohstoffe		■	■
Immobilien			
Investmentfonds	■	■■	■■
Sparvertrag und Festgeld	■	■	■
Staatlich geförderte Anlagen	Riester	Riester	Riester
Rentenversicherungen	■■	■	■
Zertifikate		■	■

■■ = sehr empfehlenswert; ■ = kann zur Ergänzung sinnvoll sein
Kein Punkt = nicht empfehlenswert oder nicht möglich

Doppelverdiener ohne Kinder

Als Doppelverdiener ohne Kinder haben Sie keine Verantwortung Dritten gegenüber. Ihnen stehen zwei volle Gehälter zur Verfügung, die Sie zur Erfüllung Ihrer Wünsche und Ziele und gegebenenfalls zur Tilgung Ihrer Verpflichtungen, z. B. für einen Immobilienkauf, einsetzen können. Egal welche Investition in nächster Zeit ansteht, für kurzfristige Wünsche ist es immer zweckmäßig, vorgespart zu haben. Meistens ist bereits ein gewisses Kapitalpolster vorhanden. Dieses muss nicht zwangsläufig bei Anschaffungen angegriffen werden, wenn man die Möglichkeit hat, auf diese zu sparen. Das bereits vorhandene Geld sollte vor allem zum Vermögensaufbau genutzt und längerfristig in renditestarke Produkte angelegt werden. Ein – für Sie als kinderloses Paar – sehr wichtiger Aspekt in der Geldanlage ist die Altersvorsorge. Eventuell können Sie nicht mit einer Unterstützung Dritter im Alter rechnen. Daher ist es besonders wichtig, vorgesorgt zu haben. Sie planen für die Zukunft Kinder? Dann sollten Sie die Zeit nutzen und jetzt als Doppelverdiener für das Alter vorsorgen.

Ihr Geldanlage–Fahrplan

20 %	**40 %**	**40 %**
kurzfristig: Spareinlagen, Festgeld	**mittelfristig:** Bank-/Fonds-Sparpläne	**langfristig:** Riester

So gehen Sie vor

1 Zunächst sichern Sie Ihre Risiken ab. Das Berufsunfähigkeitsrisiko und der Hinterbliebenenschutz spielen dabei eine weniger große Rolle, da in der Regel beide berufstätig sein können und das Einkommen damit nicht von einer Person abhängt. Bestehen Darlehensverpflichtungen, sollte sichergestellt sein, dass z. B. das Todesfallrisiko abgesichert ist. Haben Sie hierzu schon vorgesorgt, ist es zweckmäßig, sich regelmäßig Gedanken zu machen, ob die getroffene Absicherung noch der aktuellen Lebenssituation entspricht.

2 Es ist angebracht, einen gewissen Betrag jederzeit verfügbar angelegt zu haben. Dieser kann als Tagesgeld investiert sein und sollte immer in etwa der Höhe von drei Monatsgehältern entsprechen. Außerdem sollte der Notgroschen auf den neuesten Stand gebracht werden: haben Sie z. B. die Gehaltserhöhungen im letzten Jahr berücksichtigt? Wenn nicht, sollten Sie die Differenz aufstocken.

3 Sparen Sie auf ein bestimmtes kurzfristiges Ziel, wie z. B. den nächsten Sommerurlaub, sollten Sie in jedem Fall auf eine kalkulierbare Sparform zurückgreifen. Banksparverträge sind dabei eine solide Alternative: Überschaubare monatliche Beträge, garantierter Zins und ein gesichertes Kapital geben Planungssicherheit.

4 Wohin Ihre Lebensreise auch geht – Ihre Altersvorsorge sollte auf gesunden Beinen stehen. Haben Sie noch nichts dergleichen unternommen bzw. sind Sie sich nicht sicher, ob die getätigten Anlagen tatsächlich in die richtige

Richtung führen, sollten Sie das Gespräch mit einem Bank- oder Versicherungsberater suchen.

5   Je nach persönlichem Risikoprofil sollten Sie Ihre Anlagen auf die im Folgenden genannten Anlageformen aufteilen. Dabei kommt es auf die Mischung an. Sowohl Ihr persönlicher Bankberater als auch Online-Banken bieten Ihnen dabei Unterstützung an.

Welche Produkte sind geeignet?

	sicher-heitsorientiert	ertrags-orientiert	chancen-orientiert
Aktien		■	■■
Anleihen	■	■	■
Bausparvertrag	■		
Beteiligungen			
Gold & Rohstoffe		■	■
Immobilien	■	■	■
Investmentfonds	■■	■■	■■
Sparvertrag und Festgeld	■	■	■
Staatlich geförderte Anlagen	Riester	Riester	Riester
Rentenversicherungen	■■	■	■
Zertifikate		■	■

■■ = sehr empfehlenswert; ■ = kann zur Ergänzung sinnvoll sein
Kein Punkt = nicht empfehlenswert oder nicht möglich

Familien

Familien mit Kindern verzichten häufig einige Zeit auf das zweite Einkommen des erziehenden Elternteils. Umso wichtiger ist es, das verfügbare Einkommen planmäßig anzulegen. In einer Familie mit Kindern stehen regelmäßig Anschaffungen an. Diese werden in der Regel über das laufende Einkommen finanziert. Dazu kommen noch die Wünsche, für die über einen Zeitraum von wenigen Jahren gespart werden muss, etwa den Urlaub oder ein größeres Auto. Dafür dient der Vermögensaufbau für mittelfristige Ziele. Sparen Sie für die eigene Immobilie oder die Ausbildung der Kinder, dann ist das Vermögensaufbau für langfristige Ziele. Auch die Altersvorsorge der Eltern bekommt ein immer größeres Gewicht beim Vermögensaufbau.

Ihr Geldanlage-Fahrplan

40 %	**40 %**	**20 %**
kurzfristig: Spareinlagen, Tagesgeld	**mittelfristig:** Bank-/Fonds-Sparpläne	**lang-fristig:** Riester

So gehen Sie vor

1 Sind die Risiken abgesichert, vor allem die Berufsunfähigkeit der/des Einkommensbezieher/s? Denn fällt das Gehalt aus, stehen viele Familien vor großen Problemen. Bestehen Darlehensverpflichtungen, sollte auch hierfür eine Todesfallabsicherung abgeschlossen sein. Der allgemeine Versicherungsbedarf von Familien ist groß.

2   Generell sollte darauf geachtet werden, dass eine finan-
    zielle Reserve vorhanden ist. Diese sollte, mindestens in
    Höhe von drei Monatsgehältern, jederzeit verfügbar ange-
    legt sein, z. B. in Form von Tagesgeld. Muss die Reserve
    angegriffen werden, sollte sie so schnell wie möglich wie-
    der aufgestockt werden!

3   Um die kurzfristigen Ziele zu ersparen, ist es sinnvoll –
    egal wie risikobereit man ist –, monatlich in eine sichere
    Anlageform zu investieren. Das ist die effektivste Mög-
    lichkeit, ein Geldpolster aufzubauen. Banksparverträge
    sind hier genau die richtigen Anlageformen.

4   Kleinere Beträge, über einen regelmäßigen Zeitraum eingezahlt,
    können zu einer stattlichen Summe heranwachsen und werden
    mit einem festen Zinssatz verzinst. Dabei ist es wichtig, ziel-
    orientiert zu sparen. Am besten ist es, die Laufzeiten Ihren
    persönlichen Zielen anzupassen. Zum einen bauen Sie damit
    stetig Vermögen auf, zum anderen können Sie bei einer
    größeren Anschaffung auf vorhandenes Kapital zurückgreifen.

Beispiel:

Familie Fuchs möchte sich in ca. 3 Jahren ein neues Auto im Wert
von 25 000 EUR kaufen. Dafür müsste sie bei einem Zins von 4 %
monatlich 655 EUR zurücklegen. Dadurch dass sie aber für ihr
altes Auto noch ca. 8 000 EUR erhalten wird, sind es nur 445 EUR
pro Monat, die sie in einen kurzlaufenden Rentenfonds mit einer
geschätzten Rendite von 4 % p. a. anlegt.

5   Die staatlich geförderte Riester-Rente ist für Eltern ein
    absolutes Muss! Nicht nur wegen der Kinderzulage, auch
    die Rendite ist attraktiv. Für Sie sollte daher der erste Weg
    zum Bank- oder Finanzberater führen, um den Abschluss
    eines Riester-Rentenvertrages umzusetzen.

6 Daneben bietet sich die selbst genutzte Immobilie bei keiner Personengruppe besser an. Allerdings sollte hier bereits ein eigener Finanzierungsbetrag von 20 % der Anschaffungskosten (Eigenkapitalanteil) vorhanden sein. Dies im Lauf der Zeit anzusparen, ist möglich und die dafür erbrachten Opfer erträglich, wenn Sie Ihr Ziel im Auge behalten: die eigenen vier Wände!

Welche Produkte sind geeignet?

	sicherheitsorientiert	ertragsorientiert	chancenorientiert
Aktien		▪	▪▪
Anleihen	▪	▪	▪
Bausparvertrag	▪	▪	▪
Beteiligungen			
Gold & Rohstoffe		▪	▪
Immobilien	▪▪	▪▪	▪▪
Investmentfonds	▪▪	▪▪	▪▪
Sparvertrag und Festgeld	▪	▪	▪
Staatlich geförderte Anlagen	Riester	Riester	Riester
Rentenversicherungen	▪▪	▪	▪
Zertifikate		▪	▪

▪▪ = sehr empfehlenswert; ▪ = kann zur Ergänzung sinnvoll sein
Kein Punkt = nicht empfehlenswert oder nicht möglich

Frauen

- **Die Single-Frau ohne Kind:** Sie ist relativ unabhängig, sofern sie berufstätig ist und über ihr Einkommen alleine entscheidet. Sie kann sich den Möglichkeiten, die ihr der Beruf bietet, voll und ganz widmen und an ihrer Karriere arbeiten. Dementsprechend hat sie auch die größtmögliche Gestaltungsfreiheit bei der Geldanlage und Altersvorsorge. Ihre berufliche Leistungsfähigkeit belohnt sie sich selbst mit Lebensqualität. Für den Lebensstandard nach ihrem aktiven Berufsleben sorgt sie eigeninitiativ vor, da sie sich bewusst geworden ist: Von Vater Staat hat sie nicht all zuviel zu erwarten, von einem im Moment nicht vorhandenen Lebenspartner sowieso nichts.

- **Die allein erziehende Mutter:** Sie tut sich da erheblich schwerer, sofern sie nicht angemessenen Unterhalt vom Vater ihres Kindes bzw. von ihrem Ex-Mann oder Witwenrente erhält. Ihr Ziel muss es sein, für sich und ihr(e) Kind(er) vorzusorgen. Das heißt Konsumverzicht zugunsten des Sparens.

- **Die verheiratete Frau und Mutter:** Sie muss bzw. will nicht (mehr) berufstätig sein. Als Ehefrau trägt sie zunächst mit ihrem beruflichen Einkommen zum gemeinsamen Haushalt bei. Man leistet sich gegebenenfalls die Haushaltshilfe und Kinderbetreuung (es sei denn, der Ehemann übernimmt gewollt oder ungewollt diese Aufgaben). Ist sie jedoch nach der Geburt des ersten Kindes aus dem Berufsleben ausgeschieden, um sich ausschließlich der Familie und dem Haushalt zu widmen, hat sie sich vermutlich in die finanzielle Abhängigkeit ihres Ehemannes begeben. Umso wichtiger muss es für sie sein, auch für ihre finanzielle Eigenständigkeit während der Ehe (und möglicherweise noch mehr nach dieser) vorzusorgen. Hier ist sie in den meisten Fällen auf die Mitwirkung ihres Ehemannes angewiesen. Das sollte sie von Anfang an wissen und mit ihm lösungsorientiert besprechen.

- **Die Ehefrau ohne Kind:** Mit eigenem Arbeitseinkommen ist sie ähnlich wie die Single-Frau ohne Kind relativ unabhängig und finanziell gestaltungsfähig. Ohne Arbeitseinkommen allerdings befindet sie sich ähnlich wie die verheiratete Frau mit Kind vermutlich in Abhängigkeit von ihrem Ehemann und seinem beruflichen Einkommen und Erfolg.

Ihr Geldanlage-Fahrplan

33 %	**33 %**	**33 %**
kurzfristig: Spareinlagen, Festgeld	**mittelfristig:** Bank-/Fonds-Sparpläne	**langfristig:** Riester

So gehen Sie vor

- **Als berufstätige Singlefrau** sollten Sie zu Anlageformen mit höherem Ertrags- oder Chancepotenzial, wie z. B. Aktien und Aktienfonds oder Beteiligungen an Sachwert-Investments greifen. Sie sollten auch in der Lage sein, die damit möglicherweise verbundenen Wertschwankungsrisiken auszuhalten und wegzustecken.

- **Als alleinerziehende Mutter** sollten Sie andere Prioritäten setzen: Sie sollten sicherheitsorientiert vorgehen und Anlagen bzw. Sparformen mit keinem bzw. geringem Schwankungsrisiko wie Festgelder, Sparverträge oder Rentenfonds bevorzugen. Zusätzlich sorgen Sie mit einer staatlich geförderten Altersvorsorge (Riester-Rente) vor.

- **Als Hausfrau und Mutter** sollten Sie – sofern Sie nicht auch im beruflichen Erwerbsleben stehen und über eigenes Einkommen verfügen – mit Ihrem Ehegatten eine Vereinbarung treffen: Es muss möglich sein, von seinem Einkommen für Ihre finanzielle Eigenständigkeit und besonders für Ihr Alter (Riester-Rente) selbst vorzusorgen, unabhängig von der Pensions-/Rentenerwartung Ihres Mannes. Ein langfristiger Sparvertrag mit Aktienfondsanteilen bietet sich dafür an.

- **Als Ehefrau ohne Kind** tragen Sie im Allgemeinen auch weniger Verantwortung für Dritte. Sofern Sie selbst berufstätig sind und über eigenes Einkommen verfügen, sind Sie zusammen mit Ihrem Mann in der komfortablen Lage, Ihre Geldanlagen und Vorsorgemaßnahmen weitgehend optimiert zu gestalten. Hier sind Aktien und Aktienfonds sowie sorgfältig ausgewählte Beteiligungen an Sachwert-Investments oder Rohstoff-Zertifikate interessant. Auf die steuerlichen Konsequenzen Ihrer Anlageentscheidung allerdings sollten Sie zuvor ganz besonders achten (vgl. dazu unsere Empfehlungen bei den Doppelverdienern ohne Kinder (ab S. 102)).

Grundsätzlich empfiehlt es sich für alle Frauen, die staatlichen Förderungen für die Altersvorsorge zu nutzen. Eine private zusätzliche Vorsorge, beispielsweise mit einer fonds-

gebundenen Rentenversicherung, ist zwar sicher nicht ver-
kehrt, allerdings unter dem Steuer- und Renditegesichtswin-
kel nicht mehr „das Gelbe vom Ei". Langfristig und regelmäßig
besparte Fondssparpläne mit Aktienfonds haben in den vergangenen Jahrzehnten die ertragreichste Wertentwicklung
gezeigt. Sie werden es – trotz Abgeltungsteuer – auch in
Zukunft mit der größten Wahrscheinlichkeit tun.

Welche Produkte sind geeignet?

	sicher-heitsori-entiert	ertrags-orientiert	chancen-orientiert
Aktien		■	■■
Anleihen	■	■	■
Bausparvertrag	■	■	■
Beteiligungen			
Gold & Rohstoffe		■	■
Immobilien	■■	■■	■■
Investmentfonds	■■	■■	■■
Sparvertrag und Festgeld	■	■	■
Staatlich geförderte Anlagen	Riester	Riester	Riester
Rentenversicherungen	■■	■	■
Zertifikate		■	■

■■ = sehr empfehlenswert; ■ = kann zur Ergänzung sinnvoll sein
Kein Punkt = nicht empfehlenswert oder nicht möglich

Senioren

An oberster Stelle steht Ihre Gesundheit, wofür Sie neben den Kosten zum gewöhnlichen Lebensunterhalt Ihre regulären Einkünfte aus der gesetzlichen und privaten Altersvorsorge verwenden und jederzeit verfügbar zurücklegen. Endlich haben Sie Zeit, Ihre Ruhestandsaktivitäten (Reisen, Kultur usw.) zu gestalten und zu genießen, und Sie haben das nötige Kleingeld dazu, am besten aus sicher angelegten Anleihefonds, die Sie zuvor mit Aktienfonds-Sparplänen aufgebaut haben. Verpflichtungen für Ihre Altersvorsorge oder zur Finanzierung Ihres Eigenheims haben Sie erledigt, Sie können sich unabhängig fühlen. Schließlich möchten Sie aber auch nicht alle Rücklagen aufbrauchen, sondern Ihren Kindern eine finanzielle Erinnerung an Sie hinterlassen; besonders aber liegt Ihnen am Herzen, dass Ihre Enkelkinder eine finanzielle Starthilfe bekommen, die ihre Chancen für eine qualifizierende Ausbildung und eine attraktive Berufswahl verbessert.

Ihr Geldanlage-Fahrplan

| 50 % kurzfristig: Spareinlagen | 25 % mittelfristig: Anleihen, Investmentfonds | 25 % langfristig: Rürup-Rente, Fonds-Sparpläne |

So gehen Sie vor

1 Bei der richtigen Strukturierung des Anlagevermögens sollten Sie auch Ihre Absichten hinsichtlich Ihres Testaments, Vermächtnisses oder einer sonstigen Zuwendung berücksichtigen. So kann auch ein unbefristet angelegter Investmentfonds-Sparplan oder ein ausgewogen strukturiertes Aktiendepot sinnvoll sein, wenn Sie beabsichtigen, diesen Vermögensteil zu übertragen oder zu hinterlassen.

2 Strukturieren Sie dennoch in erster Linie Ihr Vermögen in seiner Gesamtheit so, dass ein für Ihre Lebenssituation optimales Verhältnis von Stabilität und Dynamik entsteht: etwa 75 – 90 % festverzinsliche Wertpapiere, Immobilien und 25 – 10 % Aktien, Investmentfonds, Zertifikate.

3 Auch bzw. gerade als Best Ager haben Sie – sofern Sie noch nicht im Ruhestand sind – die steuerlich hochinteressante Möglichkeit, Ihr Alterseinkommen renditestark aufzubessern: mit der „Rürup-Rente" (vgl. dazu Kapitel „Staatlich geförderte Altersvorsorge" (ab S. 71)).

4 Konsultieren Sie in jedem Fall Ihren Steuerberater bezüglich der steuerlichen Konsequenzen, die in Zukunft auch Sie als Rentner (nicht nur bezüglich Alterseinkünftegesetz) mehr und mehr tangieren können.

Welche Produkte sind geeignet?

	sicher-heitsori-entiert	ertrags-orientiert	chancen-orientiert
Aktien			■
Anleihen	■	■	■
Bausparvertrag			
Beteiligungen	■	■	■
Gold & Rohstoffe		■	■
Immobilien			
Investmentfonds	■	■	■■
Sparvertrag und Festgeld	■		■
Staatlich geförderte Anlagen	Rürup	Rürup	Rürup
Rentenversicherungen	■	■	■
Zertifikate		■	■

■■ = sehr empfehlenswert; ■ = kann zur Ergänzung sinnvoll sein
Kein Punkt = nicht empfehlenswert oder nicht möglich

Selbstständige

Die Definition der Wünsche und Ziele hängt für Sie als
Selbst-ständige/r und Inhaber/in eines kleineren bzw. mittel-
großen Unternehmens – stärker als bei abhängig Beschäftigten – von der Ertragskraft und Zukunftsperspektive Ihres

Geschäfts ab. Deshalb ist es für Sie unerlässlich, die Risiken Ihrer Berufsunfähigkeit und des Leistungsausfalls Ihres Unternehmens abzusichern. Hinsichtlich der Rechtsform des Unternehmens ist Ihre persönliche Haftung als Inhaber und damit Ihr finanzielles Risiko zu klären und entsprechend abzusichern, sodann Ihre private Existenz und gegebenenfalls die Ihrer Familie. Als Selbstständige/r haben Sie also i.d.R. folgendes Ziel: Mein Geschäft soll rentabel und zukunftssicher sein; meine persönliche Existenz und die meiner Familie soll davon profitieren, wenn es gut läuft, und davon unabhängig sein, wenn es schlecht läuft.

Wenn Sie daran denken, Ihr Unternehmen, das Sie vielleicht selbst von den Eltern übernommen haben, eines Tages an Ihre Nachkommen zu übergeben, ist es unbedingt erforderlich, sich frühzeitig mit Notar, Rechtsanwalt und Steuerberater zusammenzusetzen und das richtige Übergabekonzept zu erarbeiten.

Ihr Geldanlage–Fahrplan

So gehen Sie vor

1   Eine verbindlich verschreibbare Liquiditätsplanung kann es für Sie als Selbstständige/n noch weniger als bei abhängig Beschäftigten geben, zu individuell sind die Umstände Ihres Unternehmens und Privatlebens. Als Orientierung kann aber gleichwohl gelten: zwei bis drei durchschnittliche Monatsumsätze als kurzfristig verfügbare Termingelder parken; einen durchschnittlichen Jahresumsatz auf ca. 3-Jahresfrist anlegen; längerfristige Anlagen in Form von Aktienfondssparplänen und gegebenenfalls Sachwertbeteiligungen (KG-Beteiligungen / Geschlossene Fonds) tätigen.

2   Die Aufteilung der Geldanlagen in Privat- und Unternehmensvermögen sollten Sie mit Ihrem Steuerberater unbedingt zuvor klären.

3   Ein absolutes Muss für Sie als Selbstständige/r ist die private Altersvorsorge, die der Gesetzgeber im Jahr 2005 unter dem Namen Basis-Rente („Rürup-Rente") gerade für Selbstständige mit attraktiven steuerlichen Vorteilen eingeführt hat (ab S. 76). Daneben sind zusätzliche Lebens- bzw. Rentenversicherungen für Sie als Unternehmer/in sinnvoll.

Welche Produkte sind geeignet?

	sicher-heitsori-entiert	ertrags-orientiert	chancen-orientiert
Aktien	▪	▪	▪▪
Anleihen	▪	▪	▪
Bausparvertrag			
Beteiligungen	▪	▪	▪
Gold & Rohstoffe		▪	▪▪
Immobilien	▪▪	▪▪	▪▪
Investmentfonds	▪▪	▪▪	▪▪
Sparvertrag und Festgeld	▪	▪	▪
Staatlich geförderte Anlagen	Rürup	Rürup	Rürup
Rentenversicherungen	▪▪	▪▪	▪
Zertifikate		▪	▪▪

▪▪ = sehr empfehlenswert; ▪ = kann zur Ergänzung sinnvoll sein
Kein Punkt = nicht empfehlenswert oder nicht möglich

Wichtige Begriffe von A bis Z

Asset Allocation: Die Anordnung bzw. Verteilung (Allokation) von Vermögenswerten (Assets) in einem Portfolio. Eine optimierte Asset Allocation berücksichtigt das Risikoprofil, die Gewinnerwartung und die gesamten Vermögensverhältnisse des Anlegers. Dementsprechend ändert sie sich im Lauf der Anlegerbiographie und passt sich seinen finanziellen Bedürfnissen an.

Benchmark: Vergleichsmaßstab bzw. Grenzwert u.a. für die Erfolgsmessung einer Wertpapier-Performance. So ist z.B. ein Aktienindex die Benchmark für ein aktiv gemanagtes Investmentfonds-Portfolio von Aktien, das sich relativ kongruent zu den Werten im Index zusammensetzt.

Blue Chips: Aktien von großen, international anerkannten und ausgerichteten Firmen mit hoher Marktkapitalisierung, wie sie etwa im DAX (30 Titel) vertreten sind.

Bonität: siehe Rating

Bund Future: Bei dem Bund Future handelt es sich um einen Future auf eine fiktiv gestaltete deutsche Bundesanleihe mit einem Nominalzinssatz von 6 % und einer Restlaufzeit zwischen 8,5 und 10,5 Jahren. Er dient als Barometer für die Tendenz der Kurse bzw. Renditen von Anleihen.

Depot: Bezeichnung für den (buchungstechnischen) Ort, an dem Wertpapiere für einen Kunden bei Kauf ein- und bei Verkauf ausgebucht und von der Bank gegen Depotgebühren verwaltet werden, z.B. bezüglich der Übertragung von Zinsgutschriften einer Anleihe oder Dividendenzahlung einer Aktie auf das Giro-/Sparkonto des Depotinhabers.

Derivate: „Ableitungen" von Anlagekategorien bzw. Basiswerten, z.B. Aktien, Anleihen, Rohstoffe, Indizes. Derivate bilden in ihren Kursverläufen die Schwankungen oder Preisbewegungen bzw. -erwartungen der Basiswerte meist überproportional ab. Derivate können zur Absicherung gegen Verluste (z.B. Verkaufsoption auf absturzgefährdete Aktie) oder zur Spekulation auf Kursgewinne (z.B. Kaufoption auf aussichtsreiche Aktie) eingesetzt werden. Zu den Derivaten zählen u.a. Optionen, Futures, Zertifikate.

Diversifizierung: Die Verteilung auf verschiedene Investmentgattungen, wie z.B. Immobilien, Aktien, Anleihen, Rohstoffe und Festgeld. Mit Diversifizierung kann im Vermögensportfolio ein optimales Rendite-Risiko-Verhältnis dadurch erreicht werden, dass die gegenseitige Abhängigkeit der Anlagegattungen bei ihren Reaktionen auf Marktimpulse so gering wie möglich ausfällt. So wird verhindert, dass „ein fauler Apfel den nächsten ansteckt" (vgl. Korrelation).

Dividende: Teil des Gewinns einer Aktiengesellschaft, welcher an seine Aktionäre ausgeschüttet wird. Die Dividende spiegelt einen Teil des Unternehmenserfolgs wider.

Emission / Emittent (lat.: Herausgabe / Herausgeber): Kapital suchende Unternehmen oder Institutionen der öffentlichen Hand (Emittenten) bewerben sich am Kapitalmarkt um das Geld der Investoren, indem sie Schuldtitel (Anleihen) herausgeben (emittieren), welche die Anleger in Tranchen abnehmen („zeichnen"). Auch geschlossene Fonds bzw. die sie anbietenden Gesellschaften bezeichnet man als Emission bzw. Emittent.

Euribor: „Euro Interbank Offered Rate"; das ist der aus täglich von 57 europäischen Banken gemeldeten Zinssätzen ermittelte Durchschnittszins für Termingelder im Interbankengeschäft. Der Euribor ist u.a. der Referenzzinssatz für Festgeldsätze oder auch für Anleihen mit variabler Verzinsung (Floating Rate Notes). Die Banken verleihen sogenannte Eurogelder mit Laufzeiten von 1, 2, 3, 6 und 12 Monaten. (Neben Euribor gibt es den Libor: London Interbank Offered Rate, analog zu obigem, mit den 12 bedeutendsten Banken der Welt).

Floater (Floating Rate Note / FRN): Anleihe, deren Zinshöhe nicht absolut festgeschrieben ist, sondern variabel „floatet", wobei sie sich

i. d. R. an einer festen Bezugsgröße orientiert (Euribor, Libor) und meist im Vierteljahresrhytmus aktualisiert wird.

Floor: Untergrenze einer Bandbreite von Zins- oder Wertschwankungen (z. B. Indizes); in Gebrauch besonders bei Zertifikaten und manchen variabel verzinslichen Anleihen.

Fungibilität: Die Handelbarkeit von Wertpapieren (meist Aktien). Fungibel ist das Wertpapier, wenn Angebot und Nachfrage für einen lebhaften Handel sorgen, so dass man davon ausgehen kann, dass das eigene Vorhaben zu einem Kauf oder Verkauf des Wertpapiers im Markt entsprechend beantwortet wird. Ungünstig ist es nämlich, wenn man ein Wertpapier verkaufen möchte, wofür es keine Abnehmer gibt, und man darauf „sitzen" bleibt, während es seinen Wert verliert.

Future: Geschäftskontrakt, bei dem sich beide Parteien auf Erfüllung zu einem von vornherein festgelegten Termin und Preis verpflichten: Lieferung bzw. Abnahme von Finanzwerten, wie Aktien, Indizes, Anleihen, Währungen (Financial Future), oder von Warenwerten, wie Kaffee, Soja, Schweinefleisch, Kupfer etc. etc. (Commodity Future).

Hedging (Hedgefonds): Hedging (engl. abgrenzen, absichern) bedeutet, das Verlustrisiko von Kapitalanlagen abzusichern, z. B. durch eine Verkaufsoption auf Aktien oder Indizes. Da sich das eigenständige Optionsgeschäft in den vergangenen Jahren quantitativ und qualitativ sehr stark entwickelt hat, fand es auch bei Investmentfonds Zugang.

Hedgefonds haben im Unterschied zu konventionellen Investmentfonds weniger gesetzliche Auflagen (bis jetzt noch!) und dadurch wesentlich mehr Gestaltungsspielraum, z. B. im Einsatz von Derivaten. Deshalb sind sie in vielen Fällen das Gegenteil von Absicherungsanlagen. Vielmehr sind sie hoch spekulativ – und riskant, wenn sie zudem ihre Investments teilweise auch noch fremdfinanzieren.

Index: Zusammenfassung ausgewählter Anlagetitel – meistens Aktien (aber auch Anleihen) –, die repräsentativ ist für bestimmte Segmente des Kapitalmarktes. Die Auswahl der AGs in die jeweiligen Indizes erfolgt nach unterschiedlichen Kriterien der Gewichtung: bei den führenden Länderindizes wie z.B. dem Deutschen Aktienindex (DAX) nach der Marktkapitalisierung (= Anzahl der Aktien × Kurswert), der Umsatzgröße des Titels an der Börse, dem Streubesitz (breite Aktionärsstruktur).

Kapitalmarkt: Er umfasst den Markt für Anleihen (langfristige Finanzierungen) und für Beteiligungskapital (Aktien). Er dient den Unternehmen und Institutionen der öffentlichen Hand (Staaten, Kommunen etc.) zur Beschaffung, den Investoren (private oder institutionelle) zur Anlage von Kapital.

Korrelation (lat.: Wechselbeziehung): bezeichnet den Zusammenhang von Kursbewegungen unterschiedlicher Anlagekategorien infolge äußerer Einflussfakturen. So brachte z.B. die lokale Währungskrise in Südostasien in den 1990er Jahren die Anleihe-, Aktien- und Devisenmärkte weltweit in gemeinsame (vorübergehende) Turbulenzen.

Kupon: Jährliche Verzinsung eines Nominalwertes einer Anleihe, wird in Prozent genannt. Der Name kommt daher, weil vor dem vollelektronischen Auszahlungsverfahren den Anleiheurkunden („Mäntel") noch eigene Papiere mit Kuponabschnitten („Bögen") beigeheftet waren. Zu den Zinszahlungsterminen wurden die Kupons von den Anlegern eingelöst.

Mifid: Abk. für Markets in Financial Instruments Directive. Diese EU-Richtlinie ist seit 2007 in Kraft und dient dem Schutz der Anleger vor unseriöser bzw. inkompetenter Anlageberatung. Dabei muss der Berater bzw. Vermittler die Provision für die Vermittlung von Geldanlagen dem Kunden mitteilen; er muss den Anleger verstärkt nach dessen Finanzkenntnissen, Vermögensverhältnissen und Risiko-/ Sicherheitspräferenzen fragen und dies in seiner Beratung berücksichtigen – und dokumentieren! Die Kosten für die Abwicklung von Orders müssen so preiswert sein, wie im Rahmen des Geschäfts möglich.

Option: Dieser Kontrakt gibt dem Käufer das Recht und dem Verkäufer (Stillhalter) die Pflicht, innerhalb einer bestimmten Frist (bis zum Verfalldatum der Option) zum Basispreis den Basiswert (Finanzwert) zu kaufen bzw. zu verkaufen. Wird das Recht nicht ausgeübt, verfällt die Option. Optionen können an Anleihen gebunden sein („Anleihe cum"), sie können aber auch selbstständig in Form von Optionsscheinen gehandelt werden. Sie sind nicht selten sehr spekulativ bzw. risikoreich.

Performance: Sie beinhaltet die Gesamtleistung bzw. Wertentwicklung einer Geldanlage über einen bestimmten Zeitraum und wird in Prozent gemessen, wobei die im Betrachtungszeitraum entstandenen Zinsen und anderen Erträge als wieder angelegt eingerechnet werden.

Rating: Das Rating (von AAA bis D) beurteilt die Zahlungsfähigkeit hinsichtlich Zinsen und Kapital von Schuldnern, somit die Bonität eines Emittenten bzw. einer Emission. Es wirkt sich auf deren Rendite bzw. darauf aus, zu welchen Konditionen ein Emittent am Kapitalmarkt Schulden aufnehmen kann. Neben bankinternen Schuldner-Ratings werden die Bonitäten auch von externen Rating-Agenturen geprüft. Die bekanntesten sind Standard & Poor's, Moody's, oder Fitch.

Rendite: Kennzahl zur Messung der nach Kosten verbleibenden tatsächlichen (effektiven) Verzinsung einer Kapitalanlage p.a. Bei Anleihen z.B. setzt sich die Rendite im Wesentlichen zusammen aus den Faktoren: Nominalzinssatz, Gesamt- und Restlaufzeit, Zinseszinseffekt, Bonität des Schuldners (sowie weiterer Faktoren wie z.B. vorzeitige Kündbarkeit der Anleihe, Nebenkosten). Die Rendite einer (fest verzinslichen) Anleihe verändert sich nach oben, wenn das allgemeine Zinsumfeld am Kapital- oder Geldmarkt sinkt, und umgekehrt. Hohe Renditen deuten i.d.R. auf hohe Risiken hin (Risiko-prämie) und umgekehrt.

Umlaufrendite: Seit 1973 börsentäglich durch die Deutsche Bundes-bank ermittelt. Die Basis für die Berechnung sind alle im Umlauf befindlichen börsennotierten öffentlichen Anleihen des Bundes. Ge-ordnet in vier verschiedene Laufzeitklassen: 3-5, über 5-8, über 8-15 und über 15 Jahre. Für jede Laufzeitklasse wird der Durchschnitt errechnet. Die Umlaufrendite wird dann auf Basis dieser Werte als Durchschnittswert bestimmt. Sie ist geeignet als Maßstab (Bench-mark) für die Risikobewertung von Anleihen. (siehe auch „Rendite")

Volatilität (von lat. volare = fliegen, flattern): Bandbreite, in der sich der Kurswert einer Kapitalanlage während der Laufzeit nach oben und nach unten verändert. Aktien sind infolge des lebhaften Handels an den Börsen und auf Grund von kurzfristigen Einflussfaktoren volatiler als Anleihen, deren Kursschwankungen sich i.d.R. nicht von einem Tag auf den anderen, sondern in Entsprechung zum Zins-umfeld langsamer und mäßiger zeigen.

Adressen

Allgemeine Informationen
Bundesministerium für Arbeit
und Soziales
www.bmas.de
Tel.: 03018 / 527-0

Bundesministerium der
Finanzen
www.bmf.bund.de
Tel.: 03018 / 682-3300

Verbraucherschutzzentralen
www.bzbv.de
Tel.: 030 / 25 80 00

Bundesverband der Renten-
berater e.V.
www.rentenberater.de
Tel.: 0221 / 240 66 42

Gesamtverband der Deutschen
Versicherungswirtschaft e.V.
www.gdv.de
Tel.: 030 / 2020 5000

Bundesverband deutscher
Banken
www.bankenverband.de/rente
Tel.: 030 / 16 63-0

Infos zu Anleihen
Bundesrepublik Deutschland
Finanzagentur GmbH
www.deutsche-
finanzagentur.de
Tel.: 0800 222 5510

Infos zu Aktien
Deutsches Aktieninstitut e.V.
(DAI)
www.dai.de
Tel.: 069/9 29 15-0

Deutsche Börse AG
www.deutsche-boerse.com
Tel.: 069-2 11-0

**Informationen zu
Investmentfonds**
BVI Bundesverband Investment
und Asset Management e.V.
www.bvi.de
Tel.: 069 15 40 90-0

**Gesetzliche
Rentenversicherung /
Riesterzulage**
Deutsche Rentenversicherung
Bund (Zusammenschluss der
BfA, der LVAs und des VDR)
www.deutsche-
rentenversicherung-bund.de
Tel.: 0 800 / 10 00 480 70

Gesamtverband der landwirt-
schaftlichen Alterskassen (GlA)
www.lsv.de
Tel.: 0561 / 9 35 90

Stichwortverzeichnis

Impressum

Bibliografische Information der Deutschen Bibliothek
Die Deutsche Bibliothek verzeichnet diese Publikation in der Deutschen Nationalbib-
liografie; detaillierte bibliografische Daten sind im Internet über http://www.d-nb.de
abrufbar.

Print: ISBN: 978-3-648-02667-0 Bestell-Nr.: 00954-0003
ePUB: ISBN: 978-3-648-02670-0 Bestell-Nr.: 00954-0101
ePDF: ISBN: 978-3-648-02669-4 Bestell-Nr.: 00954-0151

Prof. Dr. Thomas Dommermuth, Michael Hauer, Frank Nobis: Geldanlage von A – Z
3. aktualisierte Auflage 2012

© 2012, Haufe-Lexware GmbH & Co. KG, Munzinger Straße 9, 79111 Freiburg
Redaktionsanschrift: Fraunhoferstraße 5, 82152 Planegg/München
Telefon: (089) 895 17-0
Telefax: (089) 895 17-290
Internet: www.haufe.de
E-Mail: online@haufe.de
Lektorat: Sylvia Rein
Redaktion: Jürgen Fischer

Dieses Buch ist auch als eBook erschienen.

Konzeption und Realisation: Sylvia Rein, 81371 München
Umschlaggestaltung: Kienle gestaltet, Stuttgart
Umschlagentwurf: Agentur Buttgereit & Heidenreich, 45721 Haltern am See
Satz: Beltz Bad Langensalza GmbH, 99947 Bad Langensalza
Druck: freiburger graphische betriebe, 79108 Freiburg